JIYU SHUJU WAJUE DE DUNGOU SHIGONG
LINJIN JIANZHUWU ANQUAN SHISHI YUJING YU GUANKONG

基于数据挖掘的盾构施工
邻近建筑物安全实时预警与管控

吴贤国　李昕懿　陈虹宇　曹　源　著

華中科技大學出版社
http://press.hust.edu.cn
中国·武汉

图书在版编目(CIP)数据

基于数据挖掘的盾构施工邻近建筑物安全实时预警与管控/吴贤国等著. —武汉：华中科技大学出版社，2024.1

ISBN 978-7-5772-0201-3

Ⅰ. ①基… Ⅱ. ①吴… Ⅲ. ①城市铁路-铁路工程-盾构法-工程施工-安全管理 Ⅳ. ①U239.5

中国国家版本馆 CIP 数据核字(2023)第 237031 号

基于数据挖掘的盾构施工邻近建筑物安全实时预警与管控

Jiyu Shuju Wajue de Dungou Shigong Linjin Jianzhuwu Anquan Shishi Yujing yu Guankong

吴贤国 李昕懿 陈虹宇 曹 源 著

责任编辑：王一洁

封面设计：王 娜

责任校对：刘小雨

责任监印：朱 玢

出版发行：华中科技大学出版社(中国·武汉) 电话：(027)81321913

武汉市东湖新技术开发区华工科技园 邮编：430223

录 排：华中科技大学惠友文印中心

印 刷：湖北新华印务有限公司

开 本：710mm×1000mm 1/16

印 张：12.5

字 数：188 千字

版 次：2024 年 1 月第 1 版第 1 次印刷

定 价：89.80 元

编 委 会

前　　言

地铁盾构施工引起周围地层移动诱发地表建筑物变形安全风险，涉及多源致险因素，且灾变机理复杂，已经成为地铁施工建设中非常重要的研究课题。传统安全评价预警和管控方法未考虑岩溶地区特点及影响因素的模糊性和随机不确定性，且无法对邻近建筑物进行实时动态评价预警和管控，对盾构施工参数控制缺乏基于数据驱动的优化控制方法，因此不利于对风险实时状态进行动态识别和管控。

本书基于岩溶对隧道施工影响的数值仿真理论，结合贵阳市轨道交通实际工程，利用既有地质勘察报告和室内试验分析成果，运用数值模拟的方法分析了隧道施工线路通过岩溶地段时，溶洞的大小、位置、与隧道净距等因素对隧道施工过程围岩稳定性及地表沉降值等的影响，得到的相关影响规律可为后续研究奠定基础。

本书提出了一种基于改进可拓云的风险评估模型，对岩溶地区盾构隧道施工邻近建筑的安全风险状态进行预评估，为盾构施工邻近建筑安全预警和防护提供决策支撑；构建多因素三级指标体系和评价标准，针对影响因素的模糊性和随机不确定性问题，利用最优云熵，兼顾等级划分的模糊性和显著性，优化云模型；利用改进的可拓云理论计算安全风险关联度、风险水平和可信度因子，简化了计算过程，使结果更加客观公正；在敏感性分析的基础上，对影响盾构施工安全风险状态的关键因素进行评价，为施工安全有效控制提供决策支撑。

本书提出了一种改进的云-贝叶斯动态评价框架，从岩溶地区盾构施工邻近建筑安全管理和防护决策的角度对建筑安全风险进行动态评价和管控；通过动态评价指标体系构建和等级标准划分、风险节点定义与离散化、岩溶地区盾构施工邻近建筑安全贝叶斯拓扑设计和参数设计，完成贝叶斯模型设计；利用改进的云模型计算不同风险等级的相关性，得到评价指标的先验概率，输入建筑物动态安全评价贝叶斯模型中；通过贝叶斯模型中事件的提前风险推理、敏感性分析和风险诊断，为实现岩溶地区盾构施工邻近建筑物的动态安全评价和动态管控提供决策支撑。

为了在岩溶地区盾构施工中降低地表沉降、刀盘磨损和盾构能耗，本书提出了一种基于贝叶斯优化随机森林超参数、结合 NSGA-Ⅲ优化方法的岩溶地区盾构施工参数智能多目标优化方法，采用数据驱动智能算法模型建立地表沉降与盾构施工参数的非线性映射关系函数，与刀盘磨损和盾构能耗的经验公式一起作为优化目标函数；采用研发的混合智能算法（Bayesian-RF-NSGA-Ⅲ）进行多目标优化获取帕累托最优前沿解，并根据优化后盾构施工参数的统计，确定典型土性情况下盾构施工参数的合理控制范围，为盾构施工提供指导建议。

本书还提出了一种基于 LGBM 的盾构姿态预测方法，确定了盾构机切口水平方向位移、盾构机切口垂直方向位移、盾构机尾部水平方向位移等 6 个预测目标，以及土仓压力、螺旋机转速、千斤顶推力、刀盘转速等 26 个影响因素；采用智能算法 LGBM 对影响因素进行重要性排序，并且在剔除冗余参数后建立影响因素和预测目标之间的非线性映射关系，可选取合适的盾构施工参数进行盾构姿态优化，实现盾构姿态有效控制。

著者

2023 年 5 月

目　录

1　绪论 …………………………………………………… (001)

1.1　研究背景 …………………………………………… (001)

1.2　国内外研究现状 …………………………………… (003)

2　溶洞对盾构施工影响的数值仿真及规律分析 ……………… (017)

2.1　溶洞对盾构施工影响的数值仿真 ………………… (017)

2.2　溶洞对盾构施工影响的规律分析 ………………… (021)

3　基于可拓云的岩溶地区盾构施工邻近建筑物安全风险预评价和管控 ……………………………………………… (053)

3.1　可拓云安全风险评价理论 ………………………… (054)

3.2　盾构施工邻近建筑物安全风险评估框架 ………… (055)

3.3　盾构施工邻近建筑物安全风险评估建模 ………… (059)

3.4　案例研究 …………………………………………… (064)

3.5　改进可拓云风险评价结果对比分析 ……………… (075)

3.6　施工风险控制及效果 ……………………………… (077)

4　基于改进的云-贝叶斯网络的岩溶地区盾构施工邻近建筑物安全风险动态评价和管控 ……………………………… (087)

4.1　贝叶斯网络理论 …………………………………… (088)

4.2　基于云-贝叶斯网络的岩溶地区盾构施工邻近建筑物安全风险评价模型建立 …… (089)
4.3　案例研究 …… (096)
4.4　评价结果对比分析 …… (108)
4.5　盾构施工控制措施及效果 …… (112)
5　基于数据驱动混合智能算法的岩溶地区盾构施工多目标预测和优化 …… (116)
5.1　基于智能算法的岩溶地区盾构施工多目标预测优化框架 …… (116)
5.2　基于数据驱动智能算法(Bayesian-RF)优化目标预测 …… (117)
5.3　基于数据驱动混合智能算法(Bayesian-RF-NSGA-Ⅲ)的多目标优化 …… (121)
5.4　案例研究 …… (124)
6　基于数据驱动智能算法(Bayesian-LGBM)的盾构姿态预测与控制 …… (143)
6.1　盾构姿态及其影响因素 …… (143)
6.2　基于智能算法的盾构姿态预测与控制流程框架 …… (147)
6.3　案例研究 …… (153)
6.4　不同智能算法预测结果比较分析 …… (165)
6.5　基于 Bayesian-LGBM 的盾构姿态控制 …… (167)
参考文献 …… (174)

1 绪论

1.1 研究背景

当前我国城市轨道交通建设事业正处于建设高峰期，目前北京、上海、广州、武汉等40多个城市已经拥有轨道交通运营服务，还有更多城市正在开工建设或规划发展轨道交通工程。与此同时，随着我国西部地区的逐步开发，西部地区的基础设施建设力度也越来越大，然而西部地区由于其独特的岩溶地质，岩溶发育范围十分广泛，因此岩溶地区的轨道交通盾构施工是当前隧道工程建设所面临的巨大挑战。

岩溶地区在我国分布十分广泛，可溶岩层分布面积达到346万km^2，约占我国国土总面积的1/3，其中西南省份如云南、贵州、广西、四川等岩溶发育最强烈。轨道交通作为衡量城市交通运输能力的重要标志，在我国西部区域得到大力发展。但是由于轨道交通工程建设的特殊性，如工程量巨大、涉及工程专业多、质量和安全要求高、岩溶地区的地质环境复杂、地下和露天作业多、工程与周边环境关系密切等，轨道交通工程建设一旦发生安全事故，其后果往往是不可估量的。近年来，地下工程在建设施工过程中，造成其周围的建筑物、地下管线、交通设施等频发重大事故。据不完全统计，截至目前，我国轨道交通施工发生重大安全事故约30起。2017年7月，上海轨道交通4号线董家渡轨道交通站区间隧道发生流沙事件，造成盾构隧道周边的土体流失，致使盾构隧道上部地表产生较大沉陷，进而引发施工线路周边的商务大楼等建筑物产生不同程度的沉降倾斜等病害；2019年6月，青岛轨道交通1号线胜利桥站施工区域围挡处发生塌陷事故，塌陷部分直径约十几米;2019 年 11 月,广州轨道交通 11 号线沙河站盾构施工区域产生较大程度的地面塌陷,4 名现场施工人员被困其中。结合以上的事故案例可以发现,轨道交通盾构施工等地下工程的开展会对路面交通网络、邻近建筑物及地下管道线路等产生较大的安全风险。在建设过程中倘若未能及时识别与排除出现的相关险情,一旦发生事故,其所导致的人员伤亡与财产损失将会是重大的,对社会经济生活所带来的影响也会是深远的。因此,对轨道交通工程建设进行防灾减灾的预警和控制是目前轨道交通工程安全管理的重中之重。

岩溶地区轨道交通盾构施工过程中,所有的环节、工序都影响着建筑物安全,盾构机掘进时,工程所用施工技术、围岩介质情况、隧道本体设计、施工参数、人员现场管理水平和管控意识、沿线建筑物与隧道和溶洞之间的位置关系、建筑物自身结构形式和完好情况等众多因素构成了一个庞大的复杂系统。然而,这个复杂系统中的致险因素在实际计算分析时往往具有一定的不确定性,即属性概念的模糊不确定性和概率发生的随机不确定性,这就导致在决策轨道交通盾构施工邻近建筑物安全相关问题时需要考虑众多因素。系统复杂且包含大量不确定性,这对于获取相关决策数据进行安全评价分析是不利的。传统的理论分析方法(如仿真分析和可靠性分析)由于上述致险因素的模糊不确定性和随机不确定性,无法根据工程实际数据准确预测施工风险,且无法根据时间和空间的变化对邻近建筑物进行动态评估和诊断。同时,对盾构施工工程的控制主要借助于施工管理者对各种施工数据的人工监控,不利于人们认知风险实时状态和及时作出决策。这限制了轨道交通盾构施工邻近建筑物安全得到实时的预警和管控,进而妨碍决策措施的实时跟进。如今,信息化和智能化技术不断发展,越来越多的人工智能决策技术被人们运用于事物现象背后的演化过程机理研究领域,这就给复杂背景下多层次问题的分析判断提供了重要的技术支持,便于决策者更好地进行类似问题决策,是目前决策分析领域研究的热点和重点之一。基于此,为了减少和杜绝此类施工安全事故的发生,本书借助数据挖掘和不确定性推理的智能算法模型的优势,对轨道交通在岩溶地区盾构施工影响邻近建筑物安全的预警和防护展开深入研究。

1.2 国内外研究现状

1.2.1 基于数值仿真的岩溶地区对盾构隧道影响分析

关于岩溶对盾构隧道的影响，目前国内外学者主要针对以下几个方面进行研究：①在隧道受岩溶影响范围内探测查明岩溶的情况；②岩溶对隧道造成的灾害及相应的处理措施，岩溶隧道施工方法；③溶洞因素对隧道稳定性的影响。溶洞因素包括溶洞的形状、规模、位置等。隧道稳定性影响表现在隧道位移、应力，以及支护结构内力变化、隧道施工动态等。研究的几个方面相互间存在联系。做好盾构隧道设计施工的前提是探测查明溶洞的情况，确定岩溶对隧道造成的灾害及相应的处理措施，确定不同溶洞对隧道稳定性的影响程度。

Pesendorfer 等研究现场监测结果，总结了岩溶地区深埋隧道的瞬态水压力变化规律。刘超群等利用线性回归原理，研究了岩墙安全厚度的主要影响因素，并推导总结了 3 种定量计算安全距离的方法。理论计算方面，李利平等认为发生裂隙突水的岩溶隧道岩墙，根据厚度可以划分为松弛区、安全区和裂隙区，推导了 3 个分区的半解析式。郭佳奇等针对高压富水溶腔在隧道侧方的工况，建立了中间岩柱的安全距离力学预测模型，研究分析了安全厚度在不同影响因素下的规律。Yang 基于隧道形状、跨度和深度，对原有的椭圆板模型和固支梁模型进行了修正，修正后的模型适用于不同的情况；基于突变理论，建立了岩体相应的势函数和尖点突变模型，给出了临界安全厚度的表达式。在极限分析原理方面，Mollon 等推导了隧道掌子面崩落压力的上限解，并改进了掌子面破坏模式。Yang 等提出了适用于隧道结构稳定性问题非线性破坏准则的切线法。杨子汉等构建了相应的岩墙破坏模式，推导出富水溶腔在掌子面前方的岩墙最小安全厚度解析解。Bilotta 等对隧道施工引起的历史建筑位移进行了研究，运用数值分析方法来预测尚未开发地区的地面运动；为分析那不勒斯在建隧道，对绿地 3D 有限元模型进行了初步校准；对现存的纪念性建筑进行了交互分析，测量值和预测结果之间具有较高的吻合度。DeJong 等研究了隧道工程对地基较浅的砖石建筑的影响，基于伦敦 Crossrail 项目的监视数据对建筑的现有损害及建筑性能进行评估，对浅层基础上的承重砌体建筑展开研究，结果展现了建筑刚度对土壤表层沉降的影响。Yiu 等通过有限元建模评估隧道引起的砌体建筑物破坏，考虑单、双隧道方案，构建模型量化分析浅埋隧道对基于条形基础的砖石建筑的影响。Giardina 等比较了当前预测隧道引起的土—结构相互作用的分析方法，研究建筑刚度计算中的控制因素及其对结构破坏评估的影响，考虑三种相对刚度计算公式，对建筑物的高度、开口率、偏心率，隧道深度，砌体和土壤刚度及槽宽参数进行敏感性研究。

综上所述，目前关于岩溶对隧道开挖过程影响的研究大多是针对暗挖隧道，而关于盾构隧道的研究尚不多，并且只是对一些规律作初步的分析，还没有提出能够满足实际工程需要的技术或理论，因此有必要开展岩溶对盾构隧道开挖过程影响规律的深入研究。

1.2.2 盾构施工诱发建筑物风险因素

随着地下空间的开发利用，轨道交通隧道施工对周围环境变形安全的影响和保护研究成为国内外学者关注的课题。Peck 于 1969 年提出地表横向沉降槽符合正态分布，之后 Schmidt 和 Attewell 等学者分别通过自己的研究支持了 Peck 公式，并在其基础上完善和补充了其他相关公式。Mroueh 运用三维有限元方法分析了城市隧道施工对邻近桩基的影响。Vieira 和 Miliziano 等学者认为隧道下穿邻近建筑物是一个典型的隧道—土—结构共同作用问题，提出数值分析方法在分析建模方面具有较大优势。Potts 等深入分析了建筑物的结构刚度对隧道施工引起变形的影响，在数值分析的基础上提出了“相对刚度法”。Zhang 构建了不同土层性质的边界元素模型，并借助此模型提出了隧道开挖土体移动对既有管线变形影响预测的位移控制的两阶段方法。Kivi 为控制地表沉降、保护邻近管线的安全，提出了新型中央梁柱结构体系，并通过三维有限元分析验证了其控制地表沉降的作用。

与国外相比，我国城市轨道交通工程虽起步较晚，但众多学者已深入研究了轨道交通隧道施工对邻近建筑物的风险分类及影响。龚珍基于城市盾构浅埋隧道，采用 WBS-RBS 耦合矩阵方法对邻近建筑物进行风险识别，结合改进蒙特卡罗法，建立了轨道交通盾构施工对邻近建筑物的综合风险后果评估模型，并应用于郑州轨道交通某区间隧道；秦学波分析了盾构推进对上方土体扰动造成地表沉降的机理和变化规律，以郑州地区某盾构区间下穿条形基础建筑物为例，对下穿期间盾构推进参数、建筑物变形情况及沉降过大后采取的技术控制措施进行了研究。喻凯等以盾构隧道施工过程中的建筑物保护为出发点，依托某市轨道交通 2 号线盾构隧道工程，借助有限元和理论分析，针对该地区上硬下软地层条件提出盾构隧道施工过程中邻近建筑物风险等级区域划分方法，并给出对应保护措施和建议。何志辉在富水砂层盾构掘进施工中，针对穿越不同风险等级的建筑物分别设计了不同的盾构掘进参数，以监测数据为导向进行动态调整，以达到最佳的沉降控制效果，最后，将施工全过程的监测结果与数值模拟分析的数据进行比较，达到了沉降控制的既定目标，验证了对建筑物的预加固措施及盾构掘进参数的设计是合理、有效的。同济大学的研究团队开展了轨道交通建设对周边环境影响的评价体系、隧道施工对建筑物桩基的有限元分析、城市轨道交通盾构掘进环境土工安全的智能预测与控制等方面的研究。中南大学开展了隧道开挖环境下邻近建筑物损坏风险评估与控制、基坑支护理论与安全控制技术等方面的研究。华中科技大学丁烈云教授带领的课题组在该领域也开展了大量的研究工作，如轨道交通隧道施工邻近建筑物安全风险等级评价，轨道交通施工邻近桥梁、地下管线及建筑物安全影响分析及保护，轨道交通工程施工安全评价标准，武汉轨道交通二程建设安全预警系统的开发和实施等。

上述研究涉及轨道交通施工安全的多个方面，取得了许多有意义的研究成果，为进一步研究轨道交通隧道施工诱发建筑物风险问题奠定了良好的基础。为了进一步研究轨道交通隧道施工诱发建筑物风险实时安全预警控制，需要对多源信息进行实时、全面分析，然而多源信息的随机不确定性与模糊不确定性在一定程度上限制了这些方法的应用。

1.2.3 不确定性数据处理

20 世纪的自然科学和社会科学，尤其是量子力学和复杂性科学的研究越来越认识到不确定性问题的重要性。美国科学家波拉克在其著作《不确定的科学与不确定的世界》中认为不确定性广泛存在于科学理论的结构之中。在人工智能领域，对知识的不确定性研究主要从随机性和模糊性两方面展开，常用方法有概率论与模糊集理论。一方面，概率论从随机性的角度出发研究不确定性，借助于随机变量的分布函数将随机性用概率予以量化。德州大学奥斯汀分校的 You 采用不精确概率来描述隧道施工的风险，并给出了相应的算法。AJurado 等开发了一个通用概率风险评价框架来量化地下水的不确定性对地下工程建设带来的安全风险。何海健等利用概率分析的方法分析了轨道交通施工过程中主要不确定因素对邻近桥桩沉降的影响。另一方面，知识的模糊性主要通过模糊集理论进行处理。隶属函数及隶属度是模糊集理论的核心内容，用来表示事物亦此亦彼的特性。Lu 等采用模糊理论分析轨道交通运营过程中潜在风险并进行安全防范应对。由此可见，工程领域逐渐开始重视不确定数据的处理与分析。然而，模糊性是模糊理论要解决的关键问题，但一旦使用隶属函数来对模糊知识进行精确描述，就彻底丧失了知识的模糊特性，尤其是在概念定义、定理证明过程中。与此同时，随机性和模糊性常常连在一起，既独立存在，又难以区分，将工程领域多源数据中的随机不确定性因素与模糊不确定性因素结合起来并同时考虑，概率论与模糊集理论方法仍然存在一定的局限。

考虑到传统概率论与模糊集理论的不彻底性，1995 年，中国工程院李德毅院士在概率论和模糊集的基础上，首次提出用云模型来刻画不确定性中的随机性和模糊性及二者的关联性，克服了传统的分别从随机性和模糊性的角度去分类的缺点，为解决模糊性与精确性相结合的问题开辟了一条新的途径。云模型通过 3 个参数（Ex、En、He）有效集成了客观事物中的随机性和模糊性。其中，期望（Ex）是数域空间最能够代表这个属性概念的点，反映了云的重心位置；熵（En）一方面反映了在数域空间可被接受的范围，是属性概念亦此亦彼性的模糊性度量，另一方面还反映了数域空间所能代表的随机性概率，表示属性概念的云滴出现的随机性，进一步揭示了模糊性和随机性的关联性；超熵（He）是熵的不确定度量，反映了在数域空间代表该属性概念的所有点的不确定度的凝聚性。

复杂项目安全风险分析与评估过程中，数据的不确定性集中反映在致险因素的属性区间划分及其隶属程度的表达上。例如，隧道本体与邻近建筑物的关系可以划分为极邻近、邻近、较邻近及不邻近四个级别，每个邻近级别的界限设定是一个模糊性问题；而对于某一随机抽取的建筑物，其处于某一邻近级别的发生概率则是一个随机性问题。传统的属性区间划分及模糊性表达依靠人为设定，受主观性因素影响较大，且不能反映数据实际分布规律。杜鹢等通过云变换将数量型属性的定义域区间划分为多个云概念属性，克服了传统主观划分方法不能反映数据实际分布规律和划分区间过硬的缺陷。李兴生等提出了一种基于云模型的决策表连续属性离散化方法，对于大量数据的处理与分析具有较好的适用性。Li 等提出利用云模型计算数据集相似度，对数据进行简约处理并删除冗余属性。总的来说，云模型理论及其云变换方法，作为一种新的不确定性处理与软划分方法，同时考虑了概念边界的随机性和模糊性信息，所得到的结果更加符合人的思维逻辑。

云模型理论经过二十几年的研究发展，逐渐形成了一套完整的理论体系。目前已在知识发现、决策分析及网络安全等领域得到了广泛的应用，并取得了良好的效果。但是通过文献检索发现，目前尚未有将这一方法应用于轨道交通隧道施工安全决策领域的研究。

1.2.4 不确定推理与贝叶斯网络

轨道交通工程施工安全事故是复杂系统在时空演化过程中的灾变现象，导致灾害发生的影响因素之间存在非常复杂的不确定关系。目前常用的不确定性计算与推理方法主要有灰色预测、人工神经网络、决策树、事故树等。灰色预测模型的预测值中短期精度较高，但长期预测有失真的趋势。人工神经网络是运用计算机技术对生物神经网络进行的一种模拟。人工神经网络方法需要很长的学习时间，对已知参数的要求较高。决策树是一种很好的分类方法，能够对数据进行分类，但不适合处理数据样本较大的问题。事故树能很好地反映风险事件与基本致因之间的逻辑因果关系，却不能对事故与致因之间的耦合关联性进行深层次分析，且复杂系统的事故树模型比较庞杂。轨道交通盾构施工诱发邻近建筑物变形安全风险是一个受时空因素变化影响的复杂动态系统，上述人工智能方法难以反映时空因素变化对风险实时更新的记忆效应。近年发展起来的贝叶斯网络理论是人工智能学科中处理不确定性问题的新兴分支，具有坚实的数学理论基础，在处理复杂的动态不确定性问题方面有其独特的优点，被国内外学者认为是不确定环境中实现知识表示、推断、预测等最理想的工具。

贝叶斯网络在处理复杂系统的预测、诊断和推理方面的问题时，能够充分结合专家知识和监测数据，因而构建出的模型与实际情况更为接近，模拟出的结果也与实际情况更为贴合。Sanchez 等使用贝叶斯网络来规范项目管理专家的知识，并从过去的项目数据库中提取知识，以涉及石油和天然气行业大型项目的工业案例来说明该方法的应用，可以减少项目成本超支的风险。Emmanouil 等将各种贝叶斯网络模型用于改善海上作业中重要波高的统计模型以提高重要波高预测的准确性，并在类似于应用程序实时性的条件下与其他技术进行比较。Marcot 等利用贝叶斯网络方法选取出公司绩效评价常见指标，同时通过分析挑选出对绩效评价有影响的新指标，构建出可进行敏感性分析与预测分析的绩效评价贝叶斯网络模型。

与此同时，我国学者也逐渐意识到贝叶斯网络在不确定性推理领域的强大优势，并在自动化技术、宏观经济管理、航空航天科学与工程及武器工业与军事技术等学科中开展广泛运用。王贝贝等为了克服传统的系统安全分析方法在涂装车间风险分析中的局限性，提高风险分析结果的科学性和指导性，引入了故障树-贝叶斯网络集成分析模型。王华川基于贝叶斯网络理论和方法，利用数值计算结果建立浅埋暗挖隧道邻近地层空洞施工安全风险分析模型，开展风险因素分析、风险预测和风险诊断。陈发达等运用贝叶斯网络在复杂系统故障诊断中的事件多态性、故障逻辑关系不确定性及信息不确定性表达和推理方面的优势，基于工程实践经验与研究，对土压平衡盾构刀盘失效形式及风险机理进行分析，通过专家调查划分风险因素概率等级，进而构建了基于多态贝叶斯网络的土压盾构刀盘失效故障诊断模型。

贝叶斯网络经过多年的发展，在国内外很多领域得到成功应用，如质量控制、知识发现、决策支持等，已经发展成为不确定性分析与推理领域的一种重要方法，并在工程领域得到较广泛的推广和运用，将其运用于轨道交通盾构施工诱发邻近建筑物变形安全风险这一复杂问题的风险建模与分析，具有较大的可行性。

1.2.5 盾构施工地表和建筑物沉降预测及多目标优化

随着地面建筑和各种基础设施的大规模修建，城市用地愈来愈紧张，使得城市交通拥堵现象越来越严重，为了缓解交通拥堵压力，地下轨道交通的开发成为一条有效的解决途径。轨道交通隧道在开挖时会不可避免地引起地层应力重分布和变形，从而引起地表的不均匀沉降，对周围的环境产生不利影响。尤其是对于既有建筑物，地表极小的变形沉降都可能对建筑物结构的安全稳定性产生破坏，从而影响建筑物的正常使用，甚至带来严重的生命财产损失。因此，对由轨道交通盾构施工引起的地表建筑物沉降进行有效预测，具有重要的现实意义和工程价值。

1. 地表沉降预测

目前国内外学者研究隧道盾构施工引起地表和建筑物沉降的方法主要有有限元法、数值分析法、数字模型分析法、智能算法等。Chakeri 等运用控制地表沉降的经验、理论和数值方法，探讨隧道深度、超载压力、隧道尺寸、面压等重要特性的影响。Ercelebi 等除了使用有限元法建模外，还使用半理论半经验分析方法预测地表沉降。但是由于实际施工情况的复杂性和多样化，经验分析方法不能根据情况灵活变化，导致预测范围有限。在数值分析方法方面，Bobet 对饱和地面浅隧道的地面变形做出了完整的数值分析方案。Park 提出了黏土隧道诱导地面运动的数值分析解决方案。数值分析的结果准确，但模型的建立和验证耗时长，并且只考虑土壤和几何参数，尤其是对于盾构隧道来说很难考虑施工参数。在建立 2D/3D 数字模型分析方面，Melis 等开发了一个数字模型来模拟土压平衡盾构机的挖掘过程，以补充先前分析或经验在沉降估计程序中的一些缺陷。Kasper 等介绍了用于盾构驱动隧道挖掘的三维有限元模型，在地下水位下软黏土中的隧道推进中进行模拟，并将结果与文献测量结果进行比较。Migliazza 等比较了在推进挖掘期间监测的垂直地表位移与经过分析和实证估计的定居点，并建立了一个三维有限元模型，可以模拟不同的隧道挖掘和支撑阶段。但是模型试验存在成本高、时间长等缺点，不能准确描述工程地质条件或盾构构造参数的影响。上述研究方法不够全面，在预测时无法考虑给定项目的所有重要施工因素。

随着计算机和机器学习技术的发展，许多智能算法被提出，如机器学习算法可以基于现有数据样本获得准确的非线性映射关系。在过去十几年里，人工神经网络(artificial neural network，ANN)被用来分析地表沉降，变得越来越流行。Kim 等在 ANN 中考虑了 19 个隧道作业和设计参数用于地表沉降槽预测，发现隧道钻孔机的推进速率和隧道几何特征是最重要的因素。Neaupane 等提出用两个 ANN 来预测定居点和水平地面定居点。Suwansawat 等还开发了一个神经网络，以预测由土压力平衡隧道引起的最大沉降。Santos 等运用神经网络预测了在类似条件下挖掘新隧道时上方的沉降物，还讨论了网络培训参数对结果的影响。Boubou 等根据对密集城区浅隧道的案例研究，采用两种方法将地面沉降和隧道钻孔机作业参数联系起来。近年来，支持向量机(support vector machine，SVM)成为一种强大的数据分类和功能估计的新智能算法。Zhao 等提出的新型智能位移分析方法是 SVM、粒子群优化和数值分析技术的结合。Samui 研究表明，SVM 有可能成为预测浅层地基在无凝聚力土壤上沉降的实用工具。Jiang 等提出了一种综合优化方法，其中纳入了用于隧道位移反馈控制 SVM 的方法。Ding 等提出了一种结合平滑相关性 SVM 和粒子群智能的新模型，以预测地表沉降并区分每个影响因素的相对重要性。Ocak 等从研究中收集了 18 种不同的参数，分别通过高斯过程、ANN 及 SVM 进行表面沉降预测。魏健等提出基于反向传播神经网络(back propagation neural network，BPNN)的建筑物沉降预测方法，以实际工程实例验证了 BP 神经网络对建筑物的沉降预测的可行性，但 BP 神经网络存在易陷入局部极值和收敛速度慢等缺点。程功、陈继光采用 SVM 方法进行建筑物变形沉降预测，并得到了较好的预测结果，但是 SVM 在输入变量过多时，训练时间较长，且对缺失值较敏感。Chen 等分别使用了 BP 神经网络、径向基函数(radial basis function，RBF)神经网络和广义回归神经网络(generalized regression neural network，GRNN)这三种不同 ANN 方法对结果进行比较。但是 ANN 在预测方面的通用性能较差，当 SVM 处理大量样本数据时，内核函数将受到限制。因此，预测盾构施工造成的地表沉降仍然是隧道施工中的一大挑战。

Breiman 于 2001 年提出了不受上述缺点影响的随机森林(random forest，RF)智能算法。RF 是一种相对较新的算法，它是多个决策树和非参数统计技术的集合，能够基于离散或连续的数据集来合成回归或分类函数。RF 预测模型具有很强的概括性和较高的预测精度，可更好地反映盾构构造参数与地表沉降的复杂非线性映射关系。Zhou 等建立 RF 模型预测盾构隧道施工引起的地面沉降。Zhang 等建立 RF 模型预测隧道开挖引起的沉降和盾构施工参数。从以上研究可以发现,RF算法建立的预测模型泛化性强、精度高,可以不受限制地应用于工程问题。同时,随着施工智能化不断发展,盾构机的智能化程度越来越高,盾构施工参数可以被实时调控。

2. RF模型超参数优化

RF模型的性能与其超参数密切相关。不断调整超参数可以大大提高模型的准确性及运行速度。因此,对RF模型超参数的优化是不可或缺的。机器学习算法的优化可以通过手动搜索或自动搜索方法实现。由于RF模型超参数众多,手动搜索的方法是不切实际的。针对上述问题,自动搜索方法被提出。常见的自动搜索方法包括网格搜索、随机搜索和贝叶斯优化。网格搜索会尝试训练集上每种超参数的组合,并评估交叉验证集的性能。Ngoc验证了网格搜索优化支持向量回归模型超参数的准确性和可靠性。Prabu在研究中证明了使用网格搜索调整超参数可以降低实现全局优化的错误率。虽然网格搜索方法实现了自动调优,但它不能有效解决高纬度优化问题。随机搜索尝试使用一系列超参数的随机组合。Farag使用随机搜索方法对深度学习神经网络的超参数进行调谐,用于诊断COVID-19。Andonie提出了加权随机搜索方法并针对卷积神经网络进行超参数优化,证明了其优越性。与网格搜索相比,随机搜索在高维空间中更有效,但不能保证结果是最优的。与网格搜索和随机搜索相比,贝叶斯优化更加高效,它基于先前测试的超参数值的结果确定下一个超参数值,从而避免了许多不必要的评估。Stuke评估了三种不同的超参数优化方法,即网格搜索、随机搜索和贝叶斯优化的高效自动优化技术,发现贝叶斯优化的效率更高,也具备更高的准确性。Pradhan采用贝叶斯优化方法优化RF模型的超参数,对山体滑坡空间预测来说非常有帮助并节省时间。上述研究表明贝叶斯优化具有更好的超参数优化能力,因此采用贝叶斯优化方法对RF模型的超参数进行优化。

3. 盾构施工多目标优化

对盾构施工引起邻近建筑物变形沉降进行预测可以有效识别潜在安全风险，通过优化相关影响因素参数可以对风险进行合理管控。现场监测资料表明，盾构施工引起邻近建筑物变形与众多因素有关，在满足多个位移优化目标的同时确定最优参数组合十分困难。在盾构施工过程中，适当的目标优化可以发挥出非常重大的作用，以实现成本、效率和安全性之间的平衡。在单目标优化方面，粒子群优化算法和微分进化等方法已经被广泛应用。但是单目标优化往往会存在实际应用上的限制，因为在大多数情况下，盾构施工有两个或两个以上的目标需要优化，单目标优化不具备信服力。因此，多目标优化对盾构施工是非常有意义的。

为了得到最优的盾构施工参数，本书采用多目标优化方法以邻近建筑物变形为目标进行参数选取。Holland 基于自然选择理论提出遗传算法，该算法具有良好的收敛性和全局寻优能力，扩展性强，被广泛应用于多目标优化问题。但是，遗传算法局部搜索能力较差，搜索效率较低，应用于实际问题时易早熟收敛。采用哪种选择方法既能使优良个体得以保留，又能维持群体的多样性，一直是遗传算法中较难解决的问题。Deb 等提出带精英策略的非支配排序遗传算法（non-dominated sorting genetic algorithm-Ⅱ，NSGA-Ⅱ）。NSGA-Ⅱ拥有快速非支配排序算子、个体拥挤距离算子和精英策略选择算子，可以快速寻找最优方案并进行选择性排序，极大地提高了优化的效率，在通信、交通、建筑、环境等方面得到了广泛应用，可以用来解决盾构施工参数多目标优化问题。

NSGA-Ⅲ是对 NSGA-Ⅱ的改进，它是一种有效获取帕累托最优解的多目标遗传算法，但当输入和输出变量之间存在复杂的数学关系时，很难找到合适的适应度函数满足映射关系。依据经验公式获取的适应度函数针对具体的工程状况拟合效果较差，不具有实时性；依据仿真软件获取的适应度函数需要耗费大量时间计算个体适应度，优化效率较低；通过机器学习构建的仿真替代模型获取的适应度函数可以在保证优化精度的同时显著提高优化效率。多目标优化旨在实现所有目标之间的平衡，从而找出最优的解决方案。NSGA-Ⅲ能够有效地应用于多维目标优化问题，并且在多个领域都取得了一定的成效。Cao 基于改进的 NSGA-Ⅲ优化工业共生系统内的技术实施，为解决许多客观的环境管理问题建立了一种新的方法框架。Wang 采用 NSGA-Ⅲ进行工业环境管理的多目标优化，证实了所提出的方法能够解决多目标优化问题，并能帮助工业环境管理的决策。Mkaouer 提出了一种使用 NSGA-Ⅲ的基于多目标搜索的新颖方法，实现了多目标软件重模块化以改善包络结构，最大限度地减少更改次数，保持语义的一致性。Yuan 测试了 NSGA-Ⅲ解决多目标水热风调度模型问题的能力，并且从帕累托最优解的卓越品质和良好分布中得出结论，NSGA-Ⅲ可以为优化多目标水热风调度模型问题提供有效的替代方案。以上研究体现出 NSGA-Ⅲ在超多维目标优化问题上的突出优势：算法性能优异、搜索速度快、收敛过程稳定。

因此，本书提出一种 RF-NSGA-Ⅲ多目标优化方法，基于岩溶地区工程实际监测数据，采用 RF 智能算法进行训练得到邻近建筑物变形与盾构施工主要影响参数之间的非线性关系函数，实现对邻近建筑物变形的快速精准预测。在此基础上，本书将基于 RF 获取的非线性映射关系函数作为多目标优化的两个优化目标，依据工程实际和相关规范要求确定盾构施工影响参数约束范围，在此基础上采用研发的 RF-NSGA-Ⅲ进行多目标优化，获取施工参数帕累托最优解集，利用理想点法获取施工参数最优解。

1.2.6 盾构姿态预测

盾构法作为一种安全性高、相对高效、施工劳动强度低的隧道开挖方法，在地铁隧道施工过程中得到了广泛的应用。然而，由于盾构施工控制的原理和机理十分复杂，且盾构环境复杂多变，盾构掘进机的盾构姿态很容易发生偏移，在地层波动、推力（如千斤顶推力、总推力）等因素的影响下，出现轴线偏移、蛇形、前倾、管片破碎等现象，使盾构掘进机的盾构姿态控制困难。在工程实践中，一旦盾构姿态出现较大偏差而未得到及时纠正，就会影响工程质量，严重者甚至需要重新规划线路，所以控制盾构姿态是盾构施工的重要问题，需要得到密切的关注。

过去，许多研究者采用经验公式和数值分析的方法来研究盾构姿态的预测和控制机理，取得了一些有价值的研究成果。但是由于经验公式和数值分析这两种传统方法本身的局限性，以及测试数据的离散性和随机性，其预测和分析的结果是有限的。经验公式法方面，Yagiz 提出了新的计算公式，用于类似隧道钻孔机性能预测；Gertsh 基于经验方法，通过断裂试验分析了地质参数与隧道钻孔机荷载的关系；Entacher 等提出了一种用于切割试验的岩石破碎测试方法，然后根据测试结果采用经验方法估算荷载。这些研究基于经验与试验的方法，对盾构机的性能预测和控制有一定指导作用，但是经验公式法只能对区间进行预测，不能具体到特定数值。数值分析法方面，Su 通过数值分析法对切削的过程进行模拟，从而控制掘进机的荷载；Sun 基于异构的现场数据及数据驱动技术，提出了一种动态负荷预测方法。这些研究基于传统的数值分析法。数值分析法具有反映内在规律、模拟试验真实度高等优点，但也存在假设多、计算量大、考虑的因素有限、不能进行动态实时的计算分析等诸多缺点，且很少考虑多种影响盾构姿态的因素可能存在耦合作用关系，导致盾构姿态分析和预测的准确性较低。

为了克服上述传统预测方法的局限性，近年来，机器学习因其具有的强大的数据分析能力和分析多种影响因素可能存在的耦合作用关系的能力已成为预测研究的主流，相关研究也提出了基于机器学习的盾构施工预测模型。目前，ANN、SVM 和极端梯度增强（XGBoost）等机器学习算法被广泛使用于地表沉降、盾构姿态等预测研究。Zhou 提出了一种应用包含有神经网络特征提取器的混合深度学习模型的预测框架，对盾构机的姿态和位置进行预测。Samui 将 SVM 应用于无黏性土壤上浅地基沉降的预测，并提出了一个精确的地表沉降预测模型。Wang 基于隧道的历史数据，构建 XGBoost 预测模型，并预测盾构机施工时的轴线姿态偏差变化。尽管这些机器学习算法可以获得比传统试验方法更好的预测结果，但它们存在固有的缺陷，如对数据精度的依赖性高、效率低、时间要求高及容易陷入局部最优。

然而，还有一种方法比上述机器学习算法预测更有效，可以防止预测系统过度拟合且不受高维数据影响。轻度梯度增强机（light gradient boosting machine，LGBM）算法是一种机器学习智能算法，由微软公司在2017年基于梯度提升决策树（gradient boosting decision tree，GBDT）的框架提出。LGBM算法不仅提高了GBDT模型在加速运行时间和内存消耗方面的能力，还能保持较高精度，目前已经广泛用于分类和排序等多种机器学习情景中。在通信领域，Ju利用LGBM模型对平面层输出进行信息提取和分类，提高了模型的预测效果。在数理领域，Chen利用LGBM算法为汽车保险理赔频率的预测提供了具体的计算依据，同时使预测效果有最高的精度、最佳分类效果和鲁棒性。Tang使用LGBM算法进行网络入侵行为特征选择并根据重构误差有效地分离攻击行为和正常行为。LGBM已经用于多领域的参数排序及筛选，因此，通过使用LGBM来量化影响盾构姿态的因素的相对重要性是可行的。

此外，相较以往方法的种种不足，LGBM因其占用内存少、计算速度快、准确率高而得到学者的青睐。作为一种机器学习智能算法，LGBM已经用于生物学、热力学及计算机科学等多个领域的预测模型中。Sharma提出了一种基于LGBM分类器和自编码器（autoencoder）的模型AE-LGBM，对酿酒酵母和人类蛋白质相互作用数据集进行了预测。Massaoudi结合了LGBM、XGBoost和多层感知机三种模型形成堆叠XGB-LGBM-MLP模型，提出了一种有效的短期负荷预测计算框架。Osman提出了一种名为ML-LGBM的轻量级矢量网络分析仪检测模型。以上研究都表明LGBM对数据有更好的预测能力，因此本书也采用LGBM模型对盾构姿态进行预测。本书在前人研究的基础上，利用LGBM算法建立对盾构水平趋势、垂直趋势和俯仰角等关键盾构姿态参数的预测回归模型，得到合理准确的盾构水平趋势、垂直趋势和俯仰角预测结果。

2　溶洞对盾构施工影响的数值仿真及规律分析

2.1　溶洞对盾构施工影响的数值仿真

本书采用ABAQUS有限元仿真方法，以贵阳市轨道交通三号线区间的轨道交通隧道盾构施工为背景，运用数值分析进行三维有限元模拟，分析不同溶洞的大小、位置、与隧道净距等因素对轨道交通隧道围岩的变形特征及衬砌结构的应力的影响。

2.1.1　计算模型建立

本书采用三维有限元模型对轨道交通隧道周边存在溶洞的情况进行模拟，分析隧道周边不同位置的溶洞对轨道交通隧道及其衬砌结构的影响规律。

本次计算分析作了如下假定：岩土层为弹塑性材料，符合摩尔-库伦弹塑性本构关系；岩土层、衬砌是均质的各向同性材料；衬砌支护的刚度均一、无缺陷。

本书根据《贵阳市轨道交通三号线工程施工准备（施工图设计）阶段安全质量风险评估报告》、相关地质勘察资料及相关文献，针对常见的隧道周边溶洞分布情况，计算模型的边界尺寸及边界条件如下。

（1）隧道侧部溶洞。

计算模型边界尺寸为长×宽×高＝60 m×8 m×50 m，其中上部土层边界尺寸为长×宽×高＝60 m×8 m×20 m，下部岩层边界尺寸为长×宽×高＝60 m×8 m×30 m。隧道圆截面直径为 6 m，底部埋深为 18 m。除上表面为自由表面外，其余各面均施加法向约束。侧部溶洞计算模型见图 2-1。

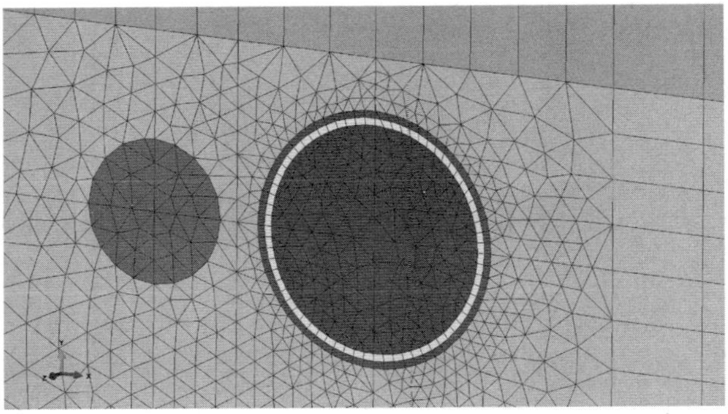

图 2-1　侧部溶洞计算模型

计算模型中，隧道侧部溶洞直径分别为 2 m、3 m、4 m、5 m、6 m，与隧道净距分别为 2 m、4 m、6 m、8 m、10 m、12 m。

(2)隧道顶部溶洞。

计算模型边界尺寸为长×宽×高＝50 m×8 m×50 m，其中上部土层边界尺寸为长×宽×高＝50 m×8 m×25 m，下部岩层边界尺寸为长×宽×高＝50 m×8 m×25 m。隧道圆截面直径为 6 m，底部埋深为 23 m。除上表面为自由表面外，其余各面均施加法向约束。顶部溶洞计算模型见图 2-2。

计算模型中，溶洞位于隧道顶部，为竖向轴长 2 m，横向轴长分别为 1 m、2 m、3 m、4 m、5 m、6 m 的椭圆形溶洞；与隧道顶距离分别为 1 m、2 m、3 m、4 m、5 m、6 m。

(3)隧道底部溶洞。

计算模型边界尺寸为长×宽×高＝50 m×8 m×50 m，其中上部土层边界尺寸为长×宽×高＝50 m×8 m×10 m，下部岩层边界尺寸为长×宽×高＝50 m×8 m×40 m。隧道圆截面直径为 6 m，底部埋深为 18 m。

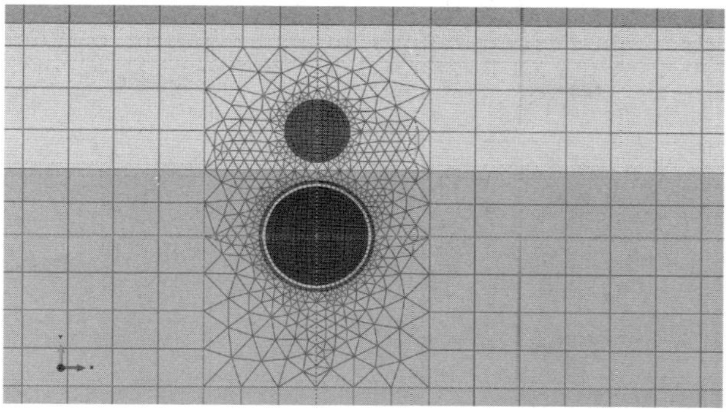

图 2-2　顶部溶洞计算模型

除上表面为自由表面外，其余各面均施加法向约束。底部溶洞计算模型见图 2-3。

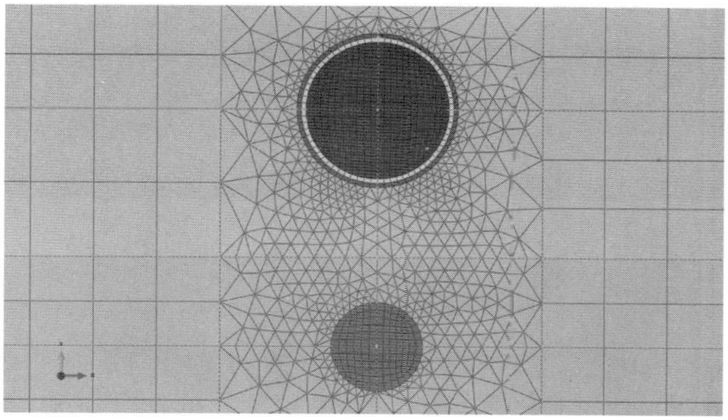

图 2-3　底部溶洞计算模型

计算模型中，隧道底部溶洞直径分别为 2 m、3 m、4 m、5 m、6 m，与隧道净距分别为 2 m、4 m、6 m、8 m、10 m。

2.1.2　模拟参数选择

根据《贵阳市轨道交通三号线工程施工准备（施工图设计）阶段安全质量风险评估报告》、相关地质勘察资料及相关文献，隧道穿越的复杂地层依次为回填土、海陆交互淤泥、冲击-洪积土、冲击-洪积砂、残积土、岩石全风化带、岩石强风化带、岩石中风化带、岩石微风化带等。各土层力学参数如表 2-1 所示。

表 2-1 各土层力学参数

土层	重度 /(kN/m³)	变形模量 /MPa	泊松比	内摩擦角 /(°)	黏聚力 /(kN/m²)
回填土	18.70	5.6	0.3	12.5	11
海陆交互淤泥	16.50	2.25	0.42	5.5	8.3
冲击-洪积土	19.60	5.6	0.3	13.3	45.2
冲击-洪积砂	19.80	4	0.23	19.5	22.5
残积土	19.40	4.3	0.3	16.1	49.2
岩石全风化带	20.00	4.6	0.28	37.1	46.1
岩石强风化带	27.30	6.5	0.25	22.9	48.3
岩石中风化带	25.00	110	0.32	43.7	78.5
岩石微风化带	26.70	200	0.35	48.5	102.3

2.1.3 分析方案

本书根据上述地质勘察资料，选取典型的地质土层，采用数值仿真方法，分析与研究溶洞对轨道交通隧道开挖的影响，提出各种条件下溶洞与隧道开挖的最小安全距离。分析方案主要研究以下内容。

(1)采用极限有限元法分析溶洞大小对隧道开挖性状的影响，并将溶洞简化为椭圆柱体，显然溶洞形状会影响应力分布形态和附加应力传递的土拱效应性状。

(2)采用有限元法分析溶洞与隧道净距对隧道开挖性状的影响。

(3)采用有限元法分析溶洞位于隧道正左侧、垂直正上方、垂直正下方等位置时对隧道开挖性状的影响。

(4)采用极限有限元法分析溶洞与隧道在不同的相对位置条件下，溶洞与盾构隧道的最小安全距离。

(5)采用有限元法分析隧道与溶洞在不同大小及不同相对位置条件下，岩层中的最大主应力、最小主应力、最大主应变值及其产生位置，以及岩层塑性区的分布位置的变化。

(6)采用有限元法分析隧道与溶洞在不同大小及不同相对位置条件下，衬砌的最大弯矩值及其产生位置。

隧道施工分15次动态开挖，每次开挖掘进1.5 m。溶洞与隧道净距为6.04 m。溶洞全长为9.08 m，位于隧道开挖第6断面到第10段面之间。隧道与溶洞均位于残积土层。

盾构施工问题为无限域问题，而有限元法是在有限的区域内对结构进行离散，为使这种离散不产生较大的误差，必须取足够大的计算范围。但若计算范围太大，计算工作量也会较大且计算时间也会较长。根据相关工程计算经验，模型计算范围：水平方向，两边各取3倍洞跨宽；垂直方向，上下边界均按实际工程进行定义。模型边界条件采用位移边界，其下边界固定垂直位移，左右边界固定水平位移。模型中岩体单元采用4节点四面体等参单元。

2.2 溶洞对盾构施工影响的规律分析

2.2.1 侧部溶洞

假设仿真模型中的溶洞有以下两种情况。

情况一：溶洞长轴连线为水平方向。取隧道外边缘附近A点为分析点(如图2-4中情况一所示)，当溶洞的短轴半径DZ取固定值3 m，长轴半径CZ分别取3 m、4 m、6 m、8 m，溶洞与隧道净距L分别取1 m、2 m、4 m、6 m、8 m时，分析相同条件下有、无溶洞情况下A点水平位移差值、沉降差值、岩层塑性区的分布、最大和最小主应力值及其产生的位置，以及衬砌最大弯矩值及其产生的位置。

情况二：溶洞长轴连线为竖直方向。同样取隧道外边缘附近 A 点为分析参考点(如图 2-4 中情况二所示)，其他考虑的条件与情况一相同，进行上述分析并根据计算结果分析盾构施工时溶洞对隧道变形的影响。

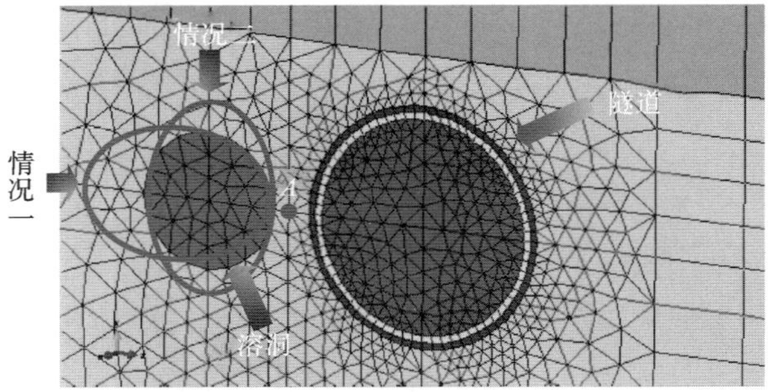

图 2-4 溶洞位于隧道侧部时的两种情况

1. 位移结果

图 2-5 为情况一下长轴半径 CZ=4 m，溶洞与隧道净距 L 分别为2 m、

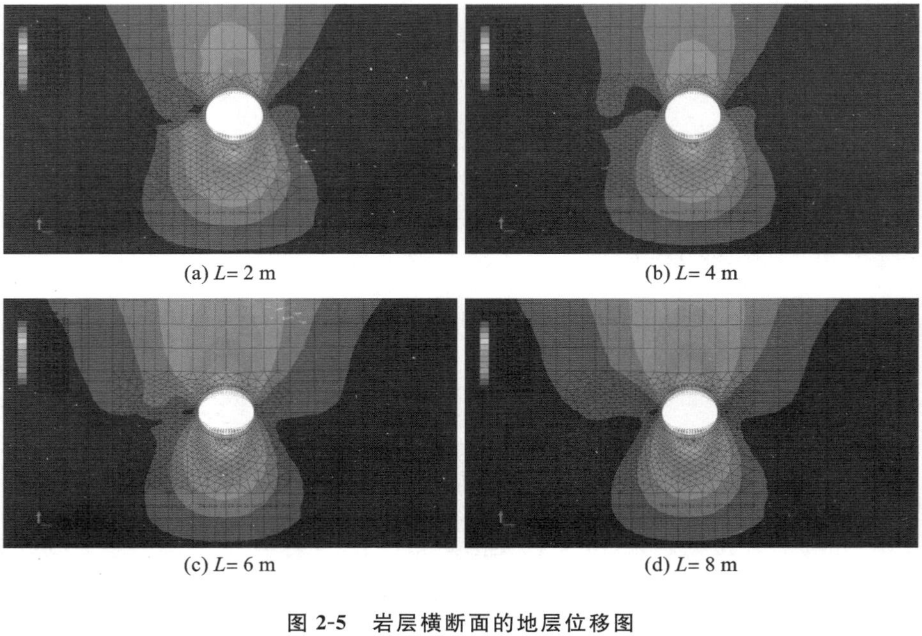
(a) L= 2 m　(b) L= 4 m　(c) L= 6 m　(d) L= 8 m

图 2-5 岩层横断面的地层位移图

4 m、6 m、8 m 时，整个岩层横断面的地层位移图。表 2-2 至表 2-6 显示了有、无溶洞时 A 点的变形情况比较。

表 2-2　有、无溶洞时 A 点的水平位移差值(情况一)　　单位：mm

溶洞尺寸/m		隧道与溶洞净距 L/m				
		1	2	4	6	8
DZ=3	CZ=3	—	10.3	9.36	6.92	4.32
	CZ=4	13.09	11.13	9.74	7.87	4.69
	CZ=6	—	11.45	10.60	8.74	5.13
	CZ=8	—	11.97	9.46	9.02	6.42

表 2-3　有、无溶洞时 A 点的沉降差值(情况一)　　单位：mm

溶洞尺寸/m		隧道与溶洞净距 L/m				
		1	2	4	6	8
DZ=3	CZ=3	6.08	5.46	1.42	0.65	0
	CZ=4	—	4.31	1.40	0.87	0.25
	CZ=6	—	4.72	1.82	1.52	—
	CZ=8	—	7.86	6.59	4.24	1.52

表 2-4　有、无溶洞时 A 点的水平位移差值(情况二)　　单位：mm

溶洞尺寸/m		隧道与溶洞净距 L/m				
		1	2	4	6	8
DZ=3	CZ=3	—	10.3	9.36	6.92	4.32
	CZ=4	—	14.2	10.32	8.32	5.15
	CZ=6	—	13.95	12.51	10.34	7.62
	DZ=8	—	—	14.52	11.32	7.65

表 2-5　有、无溶洞时 A 点的沉降差值(情况二)　　单位：mm

溶洞尺寸/m		隧道与溶洞净距 L/m				
		1	2	4	6	8
DZ=3	CZ=3	6.08	5.46	1.42	0.65	0
	CZ=4	6.0	4.27	2.86	2.43	0.26
	CZ=6	—	6.02	3.53	2.48	1.52
	CZ=8	—	7.86	5.78	5.62	3.56

表 2-6　有、无溶洞时岩层和衬砌参数差值

	最大主应力差值/MPa	最小主应力差值/MPa	最大剪应变差值	衬砌最大弯矩差值/(kN·m)
情况一	29.63	19.49	13.85	20.25
情况二	31.24	20.36	13.81	26.32

2. 应力结果

图 2-6 展示了有限元计算的应力结果，无溶洞时，隧道周围 X 方向应力值为－140.5 kPa，X 方向应力最大值为－198.3 kPa；有溶洞时，隧道周围 X 方向应力值为－142.8 kPa，X 方向应力最大值为－200.7 kPa。因此，溶洞的存在对整个模型的 X 方向应力分布影响很小。

计算结果还表明，无溶洞时，隧道拱顶的压应力为 131.7 kPa，拱底的压应力为 150.4 kPa；有溶洞时，隧道拱顶的压应力为 140.9 kPa，拱底的压应力为 171.9 kPa。因此，溶洞对整个模型的 Z 方向应力分布影响很小。

综上所述，侧部溶洞会增加隧道周边竖直方向应力和水平方向应力，但其增加值很小，可认为侧部溶洞的存在对隧道周边应力分布有影响，但其影响很小。

分析表明，隧道侧部存在溶洞时，会出现以下情况。

(1)溶洞对隧道的水平位移的影响较为明显，但对沉降变形影响较小。主要原因可能是隧道与溶洞位于残积土层中，而残积土层变形模量相比位于其下层的岩石强风化带、微风化带等小很多。

(2)溶洞几何尺寸(长轴半径)越大、距离隧道越近，对隧道开挖的影响就越大。

(3)溶洞几何尺寸(长轴半径)小于 3 m 时，隧道侧向与溶洞安全净距至少要在 8 m 以上，特别是当土层强度较小时。

(4)溶洞几何尺寸(长轴半径)大于 3 m、小于 8 m 且溶洞与隧道净距小于 8 m 时，溶洞的存在对隧道开挖的影响很大，最大水平位移差值达到

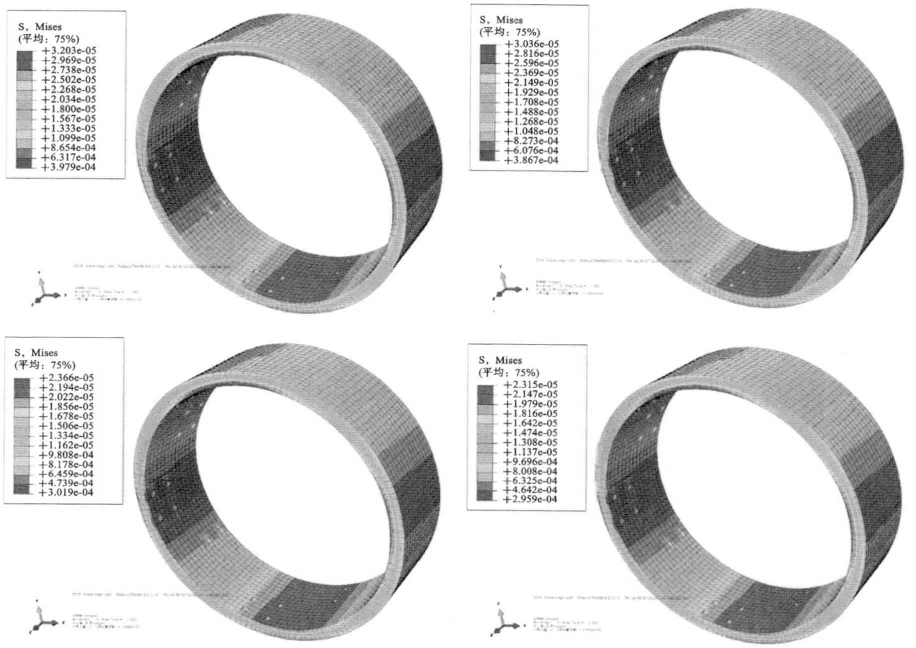

图 2-6 应力结果

13.09 mm，最大沉降差值达到 7.86 mm；当溶洞长轴半径为 8 m 时，隧道侧向与溶洞的安全净距至少要达到 14 m，如果是岩石微风化带等土体强度较高的土层，则偏向于安全。所以在施工中应加强超前支护与初期支护，防止围岩失稳。

(5)随着溶洞几何尺寸(长轴半径)及溶洞与隧道净距的变化，岩层塑性区的分布位置与范围均发生了显著变化。溶洞较小且与隧道净距较小时，塑性区主要分布在隧道拱脚处；溶洞较大且与隧道净距较小时，塑性区主要分布在溶洞周围，隧道拱脚处分布范围相对变小。

(6)岩层最大主应力、最小主应力、最大剪应变随着溶洞几何尺寸的增大及其与隧道净距的减小而显著增大。

(7)隧道衬砌的纵向弯矩随着溶洞几何尺寸的增大及其与隧道净距的减小而显著增大，与无溶洞时相比，其相对差值相差很大，根据计算得到其最大弯矩发生在隧道左拱腰第 7 断面处(也就是溶洞所在的断面处)。情况二对隧道衬砌弯矩的影响更大一些。

(8)隧道开挖时，与无溶洞相比，有溶洞时的地表沉降值显著加大，隧道开挖断面和溶洞所在断面的地表沉降量比其他位置的地表沉降量大，隧道中线位置的地表沉降量最大。在远离开挖位置的地方，开挖对地表沉降量的影响相对较小，沉降曲线大致成漏斗形，沉降范围超过开挖跨度。

(9)原则上安全距离不得小于最大的溶洞尺寸，否则必须采用注浆等加固方式加固隧道附近土体。

3. 侧部溶洞直径对隧道的影响

下面分析隧道水平向与隧道净距分别为 2 m、6 m、10 m 的隐伏溶洞，直径从 2 m 增大到 6 m 时，轨道交通隧道表现特征的变化情况。

(1)溶洞直径对地表沉降的影响。

溶洞直径从 2 m 增大到 6 m 时，地表最大沉降位移的变化如图 2-7 所示。

隧道开挖施工时，在开挖隧道中线位置地表沉降量最大。有溶洞存在时，地表沉降比无溶洞时增大很多。从图 2-7 可以看出，在净距一定的情况下，地表最大沉降量随溶洞直径的增大而增大。

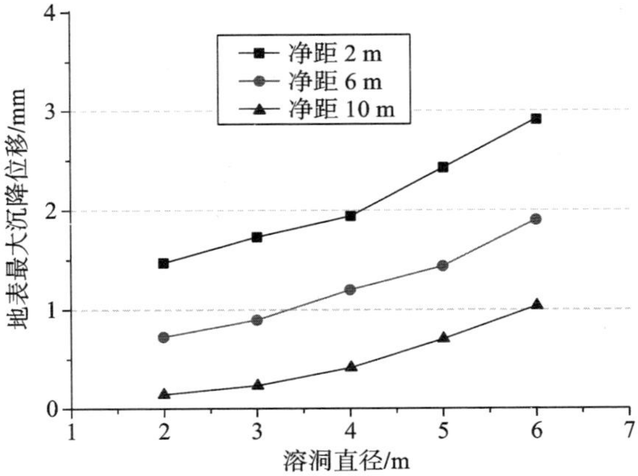

图 2-7　溶洞直径对地表最大沉降位移的影响

分析水平位置溶洞引起地表最大沉降位移变化特征的内在机理，当隧道水平方向上存在溶洞时，相当于增加了隧道的跨度。根据隧道力学理论，此时垂直于隧道跨度方向的位移将增加，从而引起地表沉降位移的增加，并且在净距一定的情况下，溶洞直径越大，这种增加的跨度效应越明显，从而引起地表沉降位移增大。

(2)溶洞直径对隧道位移的影响。

溶洞直径从 2 m 增大到 6 m 时，隧道拱顶、拱底处竖向位移和隧道左、右侧拱腰处水平位移变化趋势分别如图 2-8～图 2-11 所示。

在隧道水平方向存在溶洞时，隧道拱顶处下沉位移较无溶洞时增大。从图 2-8 可以看出，在净距一定的情况下，随着溶洞直径的增大，隧道拱顶处下沉位移也增大，且净距越小，这种增大的趋势越明显。

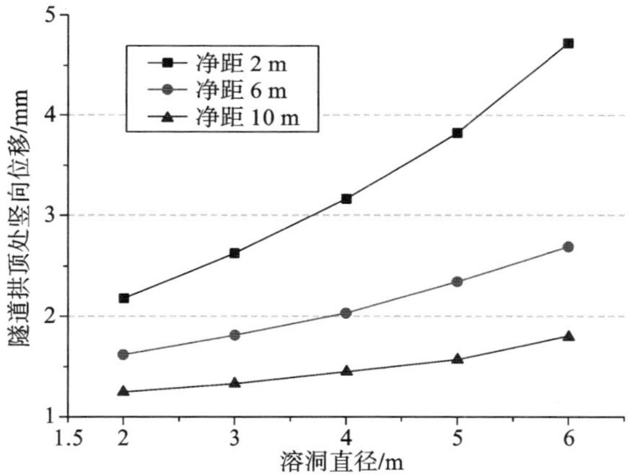

图 2-8　溶洞直径对隧道拱顶处竖向位移的影响

由于隧道水平方向上溶洞的存在，隧道拱底的隆起位移较无溶洞时有明显的增大现象。从图 2-9 可以看出，在净距一定的情况下，随着溶洞直径的增大，隧道拱底的隆起位移基本上都有所减少。

从图 2-10、图 2-11 中可以看出，当净距较大(如本例中的 10 m)，溶洞直径从 2 m 增大到 6 m 时，隧道拱腰两侧的位移基本相等，变化也比较稳定；而当净距较小(如本例中的 2 m)时，溶洞直径从 2 m 增大到 6 m 时，隧道左

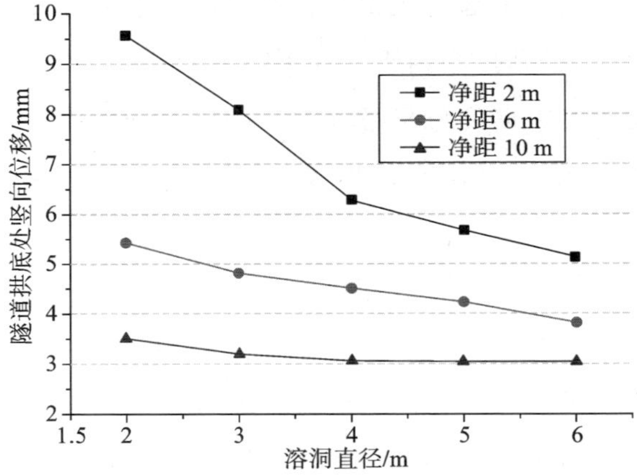

图 2-9　溶洞直径对隧道拱底处竖向位移的影响

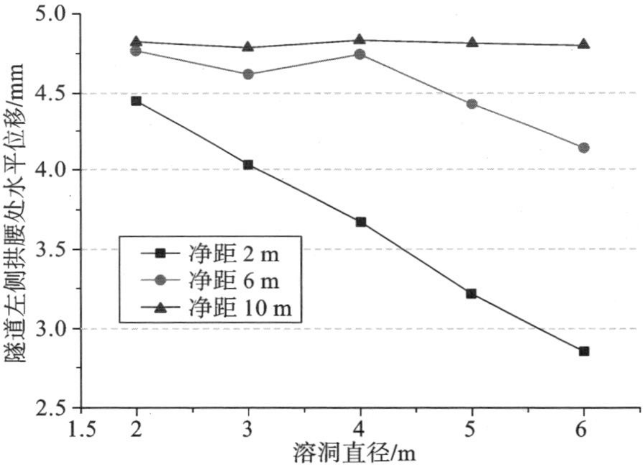

图 2-10　溶洞直径对隧道左侧拱腰处水平位移的影响

侧拱腰处水平位移逐渐减少，而隧道右侧拱腰处水平位移则逐渐增大，两侧位移差距越来越大，隧道有向溶洞一侧移动的趋势。

分析侧部溶洞引起隧道位移的变化规律，侧部溶洞的存在使得隧道水平方向岩土体整体性减弱，隧道水平位移增加。在洞边距较小（如 2 m）时，隧道有向溶洞一侧移动的趋势，随着溶洞直径的增加，隧道向溶洞一侧移动的趋势越发明显，使得隧道侧部拱腰处水平位移逐渐增大。

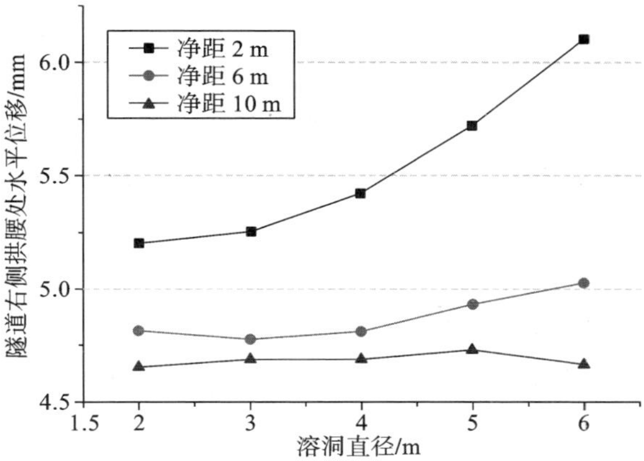

图 2-11　溶洞直径对隧道右侧拱腰处水平位移的影响

4. 侧部溶洞与隧道净距变化对隧道的影响

下面分析直径分别为 2 m、4 m、6 m 的隧道水平向隐伏溶洞，与隧道净距由 2 m 增大到 12 m 时，轨道交通隧道性状的变化情况。

(1)溶洞与隧道净距对地表沉降的影响。

溶洞与隧道净距从 2 m 增大到 12 m 时，地表最大沉降位移的变化如图 2-12 所示。

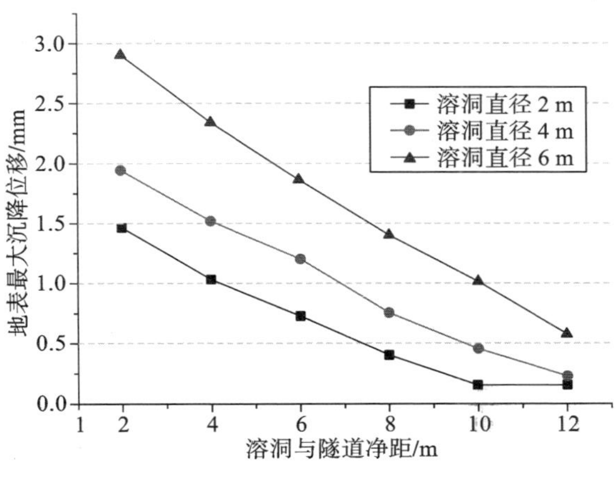

图 2-12　溶洞与隧道净距变化对地表最大沉降位移的影响

隧道开挖施工时，在开挖隧道中线位置地表沉降量最大。在有溶洞存在的情况下，地表沉降比无溶洞时增大很多。从图 2-12 可以看出，随着溶洞与隧道净距的增大，隧道中线位置地表沉降位移逐渐减小。溶洞与隧道净距越大，隧道中线位置地表沉降位移越接近于无溶洞时的地表沉降位移。

分析侧部溶洞引起地表最大沉降位移变化特征的内在机理，当隧道水平方向上存在溶洞时，相当于增加了隧道的跨度，根据力学理论，此时垂直于隧道跨度方向的位移将增加，从而引起地表沉降位移的增加。

(2)溶洞与隧道净距对隧道位移的影响。

溶洞与隧道净距从 2 m 增大到 12 m 时，隧道拱顶、拱底处竖向位移和左、右侧拱腰处水平位移变化趋势分别如图 2-13～图 2-16 所示。

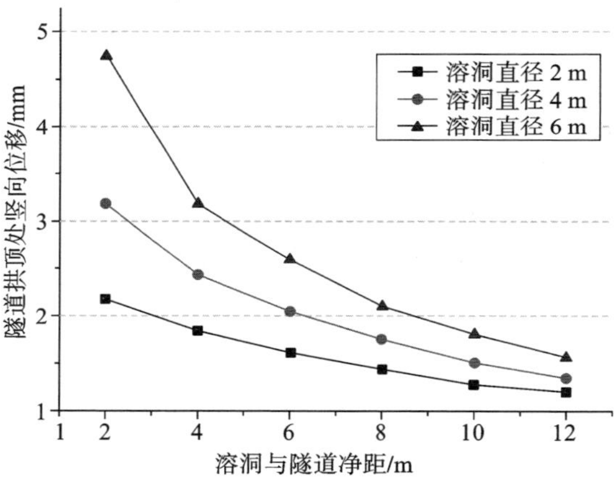

图 2-13　溶洞与隧道净距变化对隧道拱顶处竖向位移的影响

在隧道水平方向存在溶洞时，隧道拱顶的下沉位移较无溶洞时增大。从图 2-13 可以看出，当溶洞与隧道净距最小时，隧道拱顶下沉位移最大。随着溶洞与隧道净距的增大，隧道拱顶下沉位移逐渐减少，最后接近于无溶洞时的情况。

由于隧道水平方向溶洞的存在，隧道拱底的隆起位移较无溶洞时有明显的增大现象，溶洞与隧道净距越小，这种增大现象越明显。从图 2-14 可以看出，随着溶洞与隧道净距的增大，隧道拱底的隆起位移逐渐减少。在净

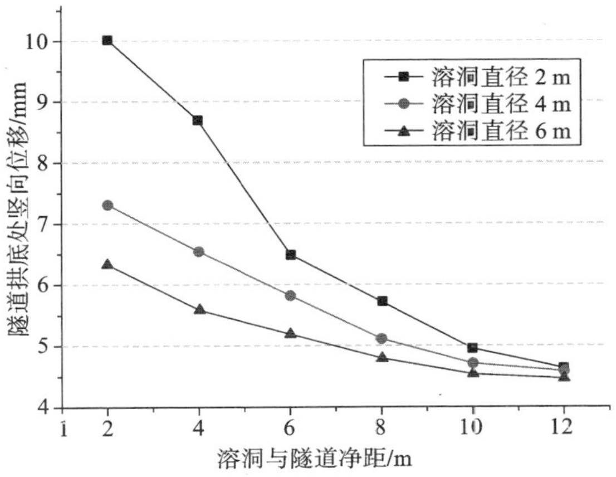

图 2-14　溶洞与隧道净距变化对隧道拱底处竖向位移的影响

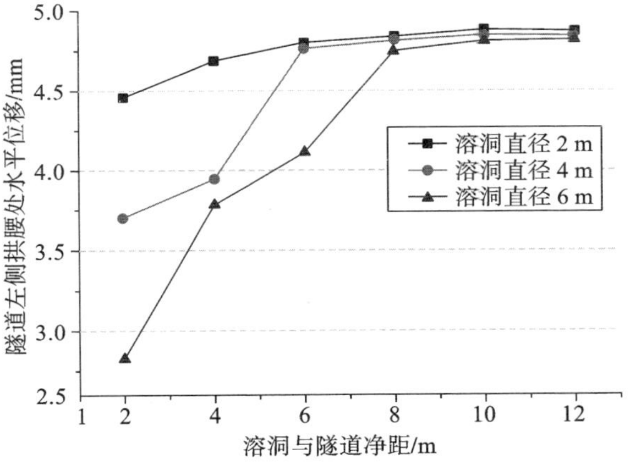

图 2-15　溶洞与隧道净距变化对隧道左侧拱腰处水平位移的影响

距达到一定值时，隧道拱底的隆起位移接近于无溶洞时的情况。

在隧道水平方向存在溶洞时，隧道两侧的水平位移较无溶洞时明显增大。从图 2-15、图 2-16 可以看出，隧道右侧拱腰处比左侧拱腰处的水平向位移要大，隧道有向溶洞一侧移动的趋势。当溶洞与隧道净距增大到一定值时，隧道左、右侧拱腰处的水平位移差值的绝对值逐渐减少，最后接近于等值。

分析侧部溶洞引起隧道水平位移变化规律的内在机理，侧部溶洞的存

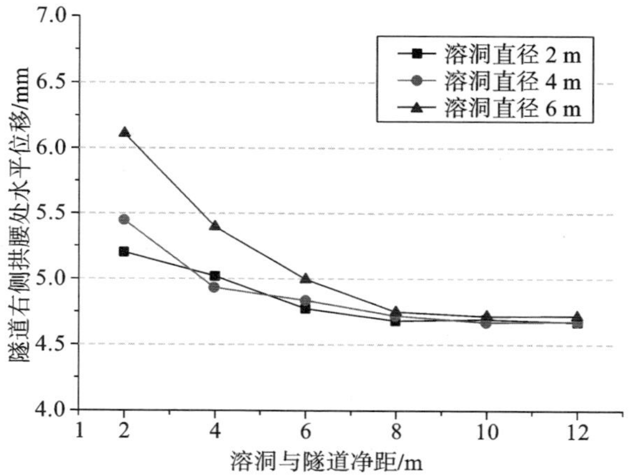

图 2-16　溶洞与隧道净距变化对隧道右侧拱腰处水平位移的影响

在使得隧道水平方向岩土体整体性减弱，隧道水平位移增加；但当隧道水平方向上有溶洞时，相当于增加了隧道的跨度，根据隧道力学理论，此时隧道垂直于跨度方向的位移增加，而平行于跨度方向的位移减小。以上因素导致的隧道水平位移的消长相互影响使得隧道水平位移的变化量减小，并且在溶洞直径较大时，侧部溶洞引起岩土体竖向变形刚度变化占主导地位，因此，侧部溶洞对隧道竖向位移的影响程度要大于其对隧道水平位移的影响。

2.2.2　顶部溶洞

假设溶洞位于隧道顶部，直径为 3 m，与隧道净距为 3 m，建立三维有限元模型如图 2-17 所示。

1. 位移结果

图 2-18 显示了在各种位置关系条件下，溶洞与隧道净距 L 分别为2 m、4 m、6 m、8 m 时，整个岩层横断面的地层位移结果。有限元计算结果表明，无溶洞时，隧道左侧 X 方向的位移为 −3.76 mm，隧道右侧 X 方向有 3.76 mm的位移；有溶洞时，隧道左侧 X 方向的位移为 −5.86 mm，隧道右

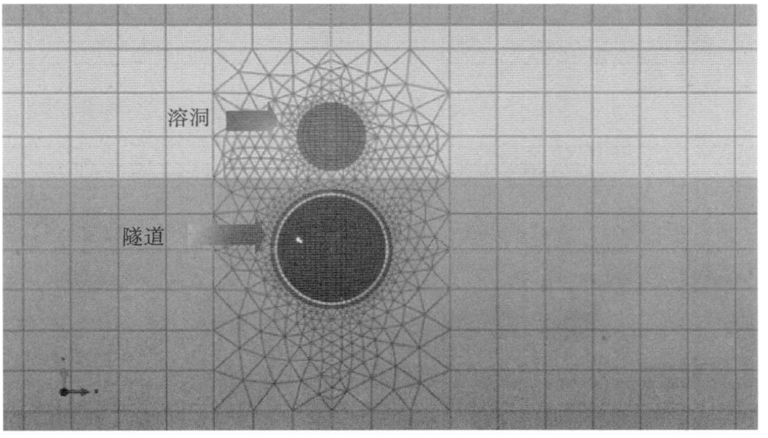

图 2-17　隧道顶部溶洞三维有限元模型

侧 X 方向有 5.86 mm 的位移。这表明溶洞的存在使得隧道水平位移增加了 2.1 mm。溶洞的左侧 X 方向有 2.20 mm 的位移，溶洞的右侧 X 方向有 -2.20 mm 的位移。

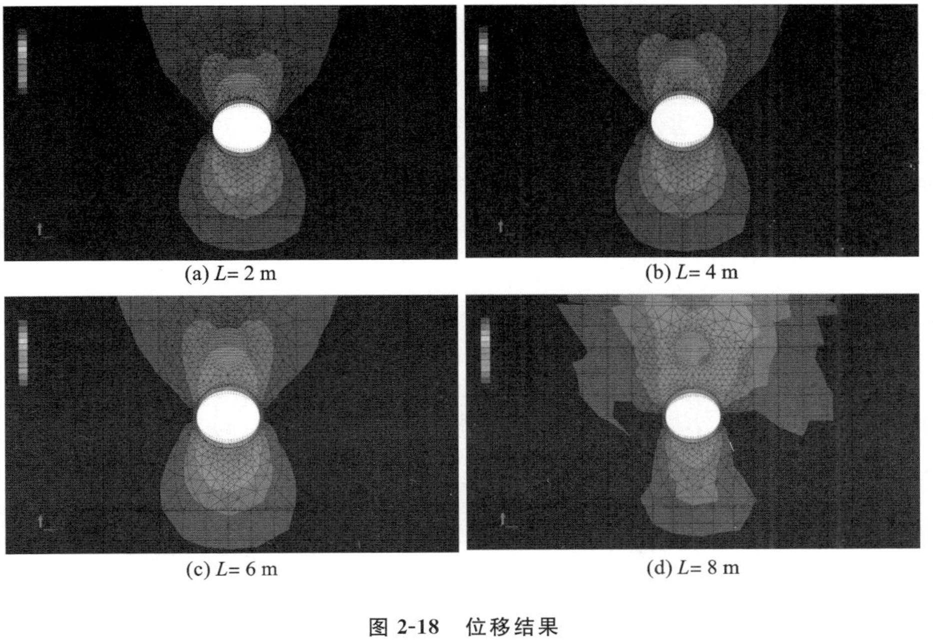

(a) $L=2$ m　(b) $L=4$ m　(c) $L=6$ m　(d) $L=8$ m

图 2-18　位移结果

计算结果还表明，无溶洞时，隧道拱顶的最大位移下沉值为 2.55 mm，隧道拱底的最大隆起位移为 5.21 mm，隧道正上方地表处最大沉降位移为 0.12 mm；有溶洞时，隧道拱顶的位移由下沉转为向上隆起，其值为 2.11 mm，隧道拱底的最大隆起位移为 14.24 mm，在溶洞正上方地表处会产生 2.09 mm 的沉降位移。同时，在溶洞拱顶处会产生 25.17 mm 的下沉位移，在溶洞的拱底处会产生 23.33 mm 的最大隆起位移。可见，溶洞会增大隧道拱底的隆起位移值，使隧道有向溶洞一侧移动的趋势，还会增大地表处的最大下沉位移。

综上所述，隧道顶部溶洞的存在会改变隧道周边土体的位移场分布，并且溶洞自身的稳定性也不好。

2. 应力结果

图 2-19 展示了有限元计算的应力结果，表明无溶洞时，隧道周围 X 方向应力值为－140.5 kPa，X 方向应力最大值为－198.3 kPa；有溶洞时，隧道周围 X 方向应力值为－145.1 kPa，X 方向应力最大值为－202.5 kPa。因此，溶洞的存在对整个模型的 X 方向应力分布影响较小。

计算结果还表明，无溶洞时，隧道拱顶的压应力为 131.7 kPa，拱底的压应力为 150.4 kPa；有溶洞时，隧道拱顶的压应力为 112.1 kPa，拱底的压应力为 139.0 kPa。因此，溶洞会明显地减少隧道顶部竖直方向的应力，而对隧道底部竖直方向应力分布的影响较小。

综上所述，顶部溶洞会增加隧道周边水平方向应力，但其增加值很小，溶洞会减少隧道顶部竖直方向的应力，并且其减少值较大，在此模型的模拟中，其减少值超过了原值的 10%，但顶部溶洞的存在对隧道底部竖直方向应力分布的影响很小。可以认为，顶部溶洞的存在只会对隧道顶部竖直方向应力的分布产生明显影响，即会明显地减少隧道顶部竖直方向应力，而对隧道周边其他应力分布影响较小。

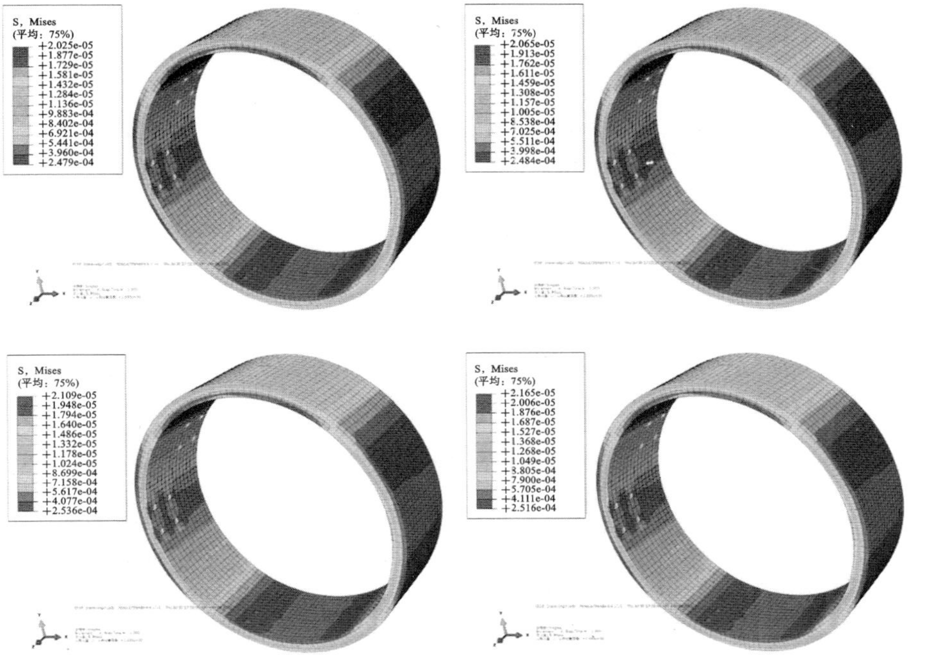

图 2-19　应力计算结果

3. 顶部溶洞与隧道净距变化对隧道的影响

下面分析隧道顶部纵向轴长为 2 m，横向轴长分别为 1 m、2 m、3 m 的椭圆形隐伏溶洞，与隧道净距由 1 m 增大到 6 m 时，轨道交通隧道表现性状的变化情况。

(1)溶洞与隧道净距对地表沉降的影响。

溶洞与隧道净距从 1 m 增大到 6 m 时，地表最大沉降位移的变化如图 2-20 所示。

隧道开挖施工时，隧道开挖断面上的地表沉降量比其他地方的地表沉降量要大，隧道中线位置的地表沉降量最大。在有溶洞的情况下，地表最大沉降位移较无溶洞时增大很多。由图 2-20 可以看出，随着溶洞与隧道净距的增大，地表最大沉降位移逐渐减小。

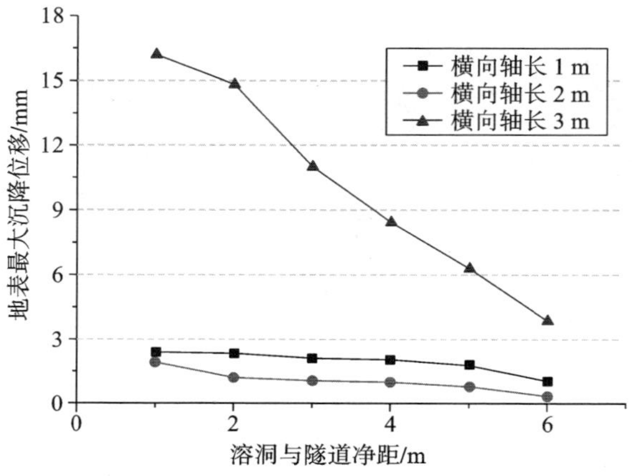

图 2-20　溶洞与隧道净距对地表最大沉降位移的影响

分析顶部溶洞引起地表最大沉降位移变化特征的内在机理发现，当隧道顶部存在溶洞时，一方面，由于溶洞自稳性较差，溶洞顶部会产生较大的沉降位移，从而引起地表沉降位移的增大，并且溶洞与隧道净距越小，在隧道埋深一定时，溶洞所受上部土层应力越大，溶洞自身顶部位移越大，从而地表沉降位移也增大；另一方面，顶部溶洞削弱了隧道拱顶围岩的整体性，隧道拱顶岩体变形刚度降低，这一因素也使得地表沉降位移增大。

(2)溶洞与隧道净距对隧道位移的影响。

溶洞与隧道净距从 1 m 增大到 6 m 时，隧道拱顶、拱底竖向位移和拱腰处水平位移变化趋势分别如图 2-21～图 2-23 所示。

由于隧道顶部溶洞的存在，隧道拱顶的位移方向发生了变化，由无溶洞时的下沉变为向上隆起，从图 2-21 可以看出，隆起位移随溶洞与隧道净距的增大而减小，当溶洞与隧道净距达到一定值时，隧道拱顶位移由隆起变为下沉，并且随着溶洞与隧道净距的增大，下沉位移增大。

由于隧道顶部溶洞的存在，隧道拱底的隆起位移较无溶洞时有明显的增大现象。从图 2-22 可以看出，随着溶洞与隧道净距的增大，隆起位移整体呈减少趋势。

由于隧道顶部溶洞的存在，隧道拱腰处的水平位移较无溶洞时明显增

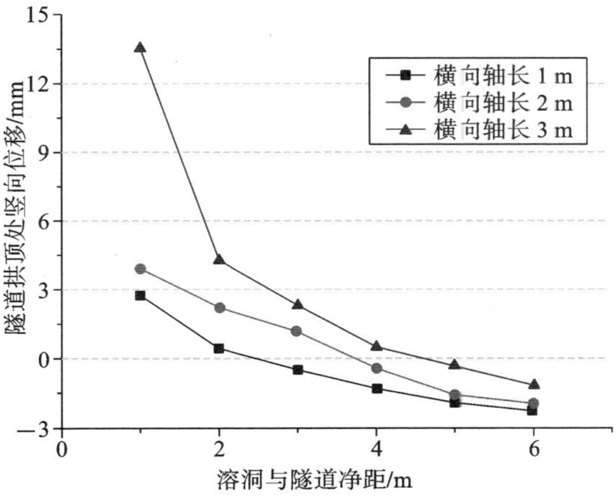

图 2-21　溶洞与隧道净距的变化对隧道拱顶处竖向位移的影响

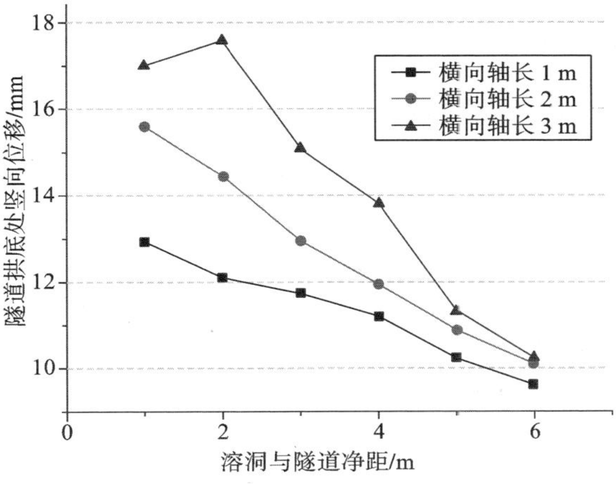

图 2-22　溶洞与隧道净距的变化对隧道拱底处竖向位移的影响

大。从图 2-23 可以看出，随溶洞与隧道净距的增大，水平位移有增大趋势，但增大的量较小。

分析顶部溶洞引起隧道位移变化特征的内在机理，当隧道顶部存在溶洞时，一方面，隧道顶部溶洞削弱了隧道拱顶围岩的整体性，隧道拱顶土体变形刚度降低，这一因素使得隧道拱顶竖向下沉位移增加；另一方面，顶部溶洞的屏蔽效应使得隧道拱顶围岩应力减少，且溶洞本身自稳性差，溶洞底

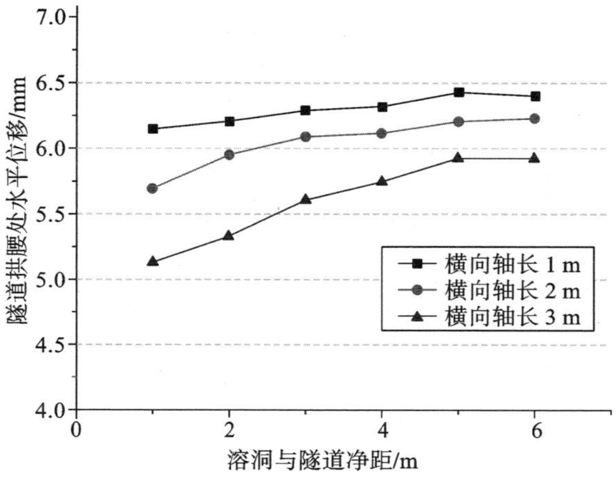

图 2-23　溶洞与隧道净距的变化对隧道拱腰处水平位移的影响

部会产生较大隆起位移，使得隧道有向溶洞方向移动的趋势，隧道拱顶竖向位移也有向上隆起的趋势。当溶洞与隧道净距较小时，顶部溶洞应力屏蔽引起的位移减少量大于因顶部土体整体刚度降低而产生的沉降位移增加量，因此，隧道拱顶沉降位移减少，甚至会出现拱顶沉降位移为负（即向上隆起）的现象。

当隧道顶部存在溶洞时，隧道拱顶土体变形刚度降低，相当于隧道顶部约束变弱，隧道有向溶洞方向移动的趋势，从而使隧道拱底的隆起位移增大，但随着溶洞与隧道净距的增大，隧道拱顶围岩变形刚度的减少量随之减少，隧道顶部约束逐渐增强，从而使隧道拱底的隆起位移逐渐减少。

对隧道拱腰处的水平位移而言，一方面，当隧道顶部存在溶洞时，相当于隧道高度增加，隧道土体水平方向变形刚度减小，引起隧道水平位移增加；另一方面，当隧道顶部溶洞与隧道净距逐渐增大时，隧道顶部的约束随之逐渐增强，拱顶和拱底对隧道衬砌的挤压作用增强，从而使隧道水平位移有逐渐增大的趋势，但位移增加的量较小。

4. 顶部溶洞尺寸对隧道的影响

下面分析隧道顶部纵向轴长为 2 m 的隐伏溶洞，与隧道净距分别为

2 m、4 m、6 m，横向轴长从 1 m 增大到 6 m 时，轨道交通隧道表现性状的变化情况。

(1)溶洞横向轴长对地表沉降的影响。

溶洞横向轴长从 1 m 增大到 6 m 时，地表最大沉降位移的变化如图 2-24所示。在有溶洞的情况下，地表沉降位移比无溶洞时增大很多。从图 2-24 可以看出，在净距一定的情况下，随着溶洞横向轴长的增大，地表最大沉降位移逐渐增大。

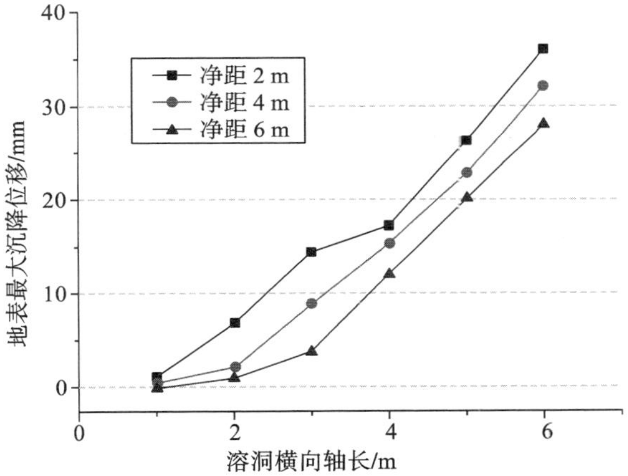

图 2-24　溶洞横向轴长对地表最大沉降位移的影响

分析顶部溶洞横向轴长对地表最大沉降位移影响的内在机理，当隧道顶部存在溶洞时，一方面，顶部溶洞相当于增加了隧道的高度，溶洞削弱了隧道拱顶围岩的整体性，隧道拱顶土体变形刚度降低，这一因素使得地表沉降位移增大；另一方面，由于溶洞自稳性较差，溶洞顶部会产生较大的沉降位移，从而引起地表沉降位移的增大，并且随着溶洞尺寸增大，如本书中的溶洞横向轴长变长，在净距一定时，土体变形刚度降低越多，溶洞自身顶部下沉位移越大，地表沉降位移也随之增大。

(2)溶洞横向轴长对隧道位移的影响。

溶洞横向轴长从 1 m 增大到 6 m 时，隧道拱顶、拱底处竖向位移和拱腰处水平位移变化分别如图 2-25～图 2-27 所示。

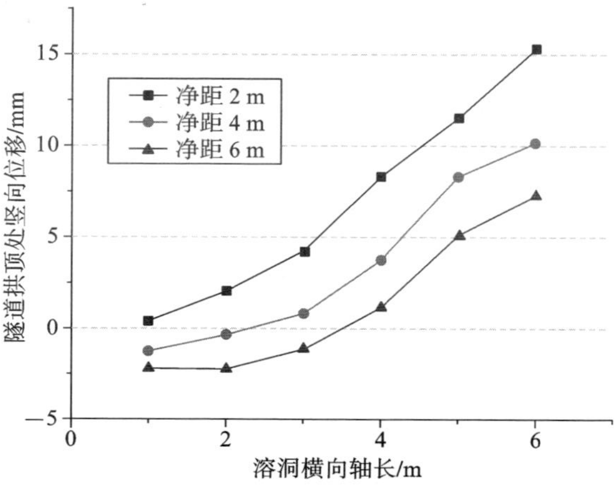

图 2-25　溶洞横向轴长对隧道拱顶处竖向位移的影响

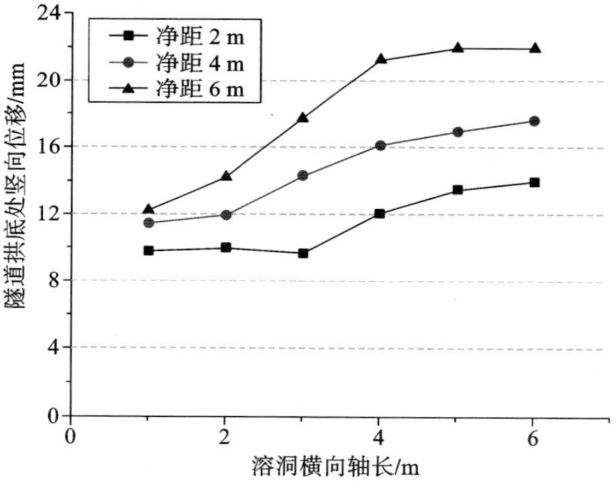

图 2-26　溶洞横向轴长对隧道拱底处竖向位移的影响

由于隧道顶部溶洞的存在，隧道拱顶的位移方向发生了变化，由无溶洞时的下沉变为向上隆起，并且从图 2-25 可以看出，在溶洞与隧道净距一定的情况下，这种隆起位移随溶洞横向轴长的增大而逐渐增大。

由于隧道顶部溶洞的存在，隧道拱底的隆起位移较无溶洞时有明显的增大。从图 2-26 可以看出，在溶洞与隧道净距一定的情况下，随着溶洞横向轴长的增大，隆起位移逐渐增大。

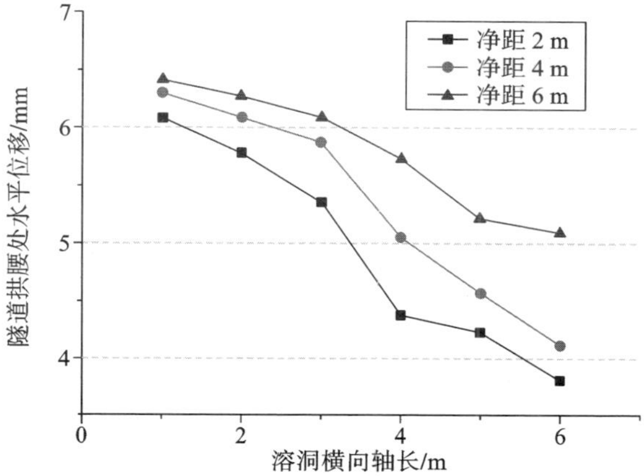

图 2-27　溶洞横向轴长对隧道拱腰处水平位移的影响

由于隧道顶部溶洞的存在，隧道拱腰处的水平位移较无溶洞时明显增大，但从图 2-27 可以看出，在溶洞与隧道净距一定的情况下，随着溶洞横向轴长的增大，隧道拱腰处水平位移逐渐减小。

分析顶部溶洞横向轴长引起隧道位移变化特征的内在机理，当隧道顶部存在溶洞时，一方面，溶洞削弱了隧道拱顶围岩的整体性，隧道拱顶土体变形刚度降低，这一因素使得隧道拱顶竖向下沉位移增加；另一方面，隧道顶部溶洞自身稳定性差，溶洞底部会产生较大隆起位移，隧道结构有向溶洞方向移动的趋势；在溶洞与隧道净距一定的情况下，随着溶洞横向轴长的增大，溶洞稳定性越来越差，溶洞底部隆起位移越来越大，隧道结构向溶洞方向移动的趋势越来越明显，隧道拱顶隆起位移也越来越大。

当隧道顶部存在溶洞时，隧道拱顶土体变形刚度降低，相当于隧道顶部约束变弱，隧道有向溶洞方向移动的趋势，从而使隧道拱底的隆起位移增大；在溶洞与隧道净距一定的情况下，随着溶洞横向轴长的增大，隧道拱顶围岩变形刚度逐渐减少，隧道顶部约束逐渐减弱，从而使隧道拱底的隆起位移逐渐增大。

对隧道拱腰处的水平位移而言，一方面，当隧道顶部存在溶洞时，相当于隧道高度增加，隧道土体水平方向变形刚度减小，引起隧道水平位移增加；另一方面，当隧道顶部溶洞横向轴长增大时，在溶洞与隧道净距一定的情况下，隧道顶部的约束随之逐渐减弱，拱顶和拱底围岩对隧道衬砌的挤压作用减弱，从而使隧道向两侧的水平位移产生逐渐减少的趋势。

2.2.3 底部溶洞

假设仿真模型中的溶洞有以下两种情况。

情况一，溶洞长轴连线为水平方向时，取隧道上的 B 点和外边缘附近的 C 点作为分析点（如图 2-28 中情况一所示）。当溶洞的短轴半径 DZ 取固定值 3 m，长轴半径 CZ 分别取 3 m、4 m、6 m、8 m，溶洞与隧道净距 L 分别取 1 m、2 m、4 m、6 m、8 m 时，分析相同条件下有、无溶洞情况下，B、C 两点的沉降差值、岩层塑性区的分布、最大和最小主应力值及其产生的位置，以及衬砌最大弯矩值及其产生的位置。

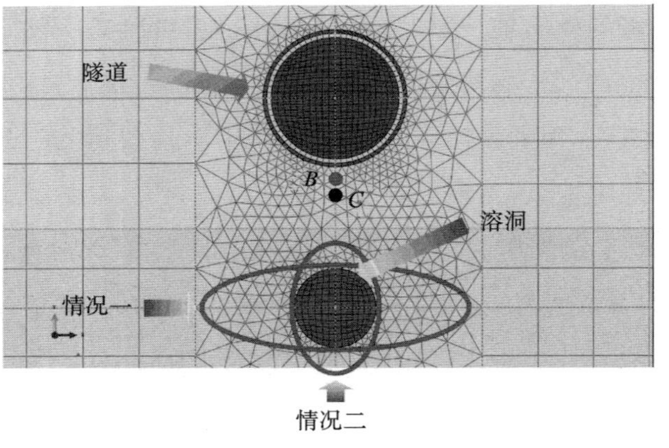

图 2-28 溶洞长轴连线水平模拟图

情况二，溶洞长轴连线为竖直方向时，同样取隧道上的 B 点和外边缘附近 C 点作为分析点（如图 2-28 中情况二所示），其他考虑的条件与情况一相同，进行上述分析，并根据计算结果来分析盾构施工时溶洞对隧道变形的影响。两种情况的计算结果详见表 2-7～表 2-11。

表 2-7 有、无溶洞时 *B* 点的沉降差值(情况一) 单位:mm

溶洞尺寸/m		隧道与溶洞净距 L/m				
		1	2	4	6	8
DZ=3	CZ=3	1.13	0	0	0	0
	CZ=4	1.77	0.37	0	—	—
	CZ=6	2.68	1.24	0.8	—	—
	CZ=8	3.69	2.44	0.72	—	—

表 2-8 有、无溶洞时 *C* 点的沉降差值(情况一) 单位:mm

溶洞尺寸/m		隧道与溶洞净距 L/m				
		1	2	4	6	8
DZ=3	CZ=3	5.6	5.0	3.8	—	—
	CZ=4	6.0	4.8	3.6	2.3	1.2
	CZ=6	8.0	6.4	4.2	3.4	2.7
	CZ=8	10.4	10.4	5.4	4.7	—

表 2-9 有、无溶洞时 *B* 点的沉降差值(情况二) 单位:mm

溶洞尺寸/m		隧道与溶洞净距 L/m				
		1	2	4	6	8
DZ=3	CZ=3	1.13	0	0	—	—
	CZ=4	0.16	0	—	—	—
	CZ=6	2.84	1.56	0.76	0.23	—
	CZ=8	—	3.24	1.52	0.82	0.13

表 2-10 有、无溶洞时 *C* 点的沉降差值(情况二) 单位:mm

溶洞尺寸/m		隧道与溶洞净距 L/m				
		1	2	4	6	8
DZ=3	CZ=3	5.6	5.0	3.8	1.6	—
	CZ=4	7.0	5.4	4.2	2.4	1.2
	CZ=6	9.4	7.6	5.3	3.2	—
	CZ=8	11.6	11.3	6.2	4.4	1.9

表 2-11　有、无溶洞时岩层和衬砌参数差值

	最大主应力差值/MPa	最小主应力差值/MPa	最大剪应变差值	衬砌最大弯矩差值/(kN·m)
情况一	18.35	10.32	9.41	12.56
情况二	22.54	14.53	11.42	14.98

1. 位移结果

图 2-29(a)和(b)溶洞长轴半径 CZ 分别为 4 m 和 8 m,短轴半径 DZ 为 3 m,溶洞与隧道净距 L 分别为 2 m 和 4 m 时,岩层横断面地表沉降图。图 2-29(c)和(d)为情况一条件下,长轴半径 CZ 为 4 m,溶洞与隧道净距 L 分别为 6 m 和8 m时,整个岩层横断面地表沉降图。

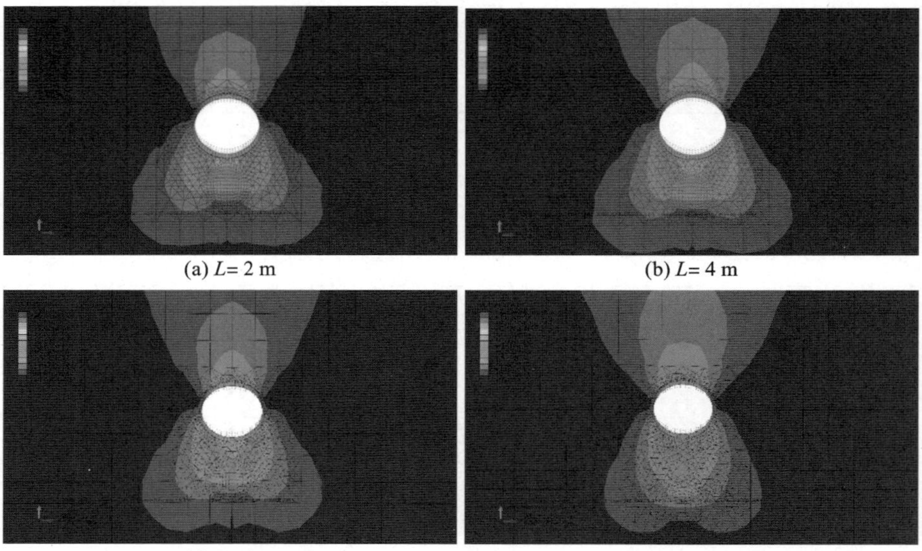

(a) L= 2 m　(b) L= 4 m　(c) L= 6 m　(d) L= 8 m

图 2-29　岩层横断面地表沉降图

2. 应力结果

图 2-30 展示了有限元计算的应力结果,无溶洞时,隧道周围 X 方向应力值为－125.01 kPa,X 方向应力最大值为－481.40 kPa;有溶洞时,隧道

周围 X 方向应力值为 -124.81 kPa，X 方向应力最大值为 -480.60 kPa。因此，溶洞的存在对整个模型的 X 方向应力分布影响很小。

计算结果还表明，无溶洞情况下，Z 方向最大压应力值为 123.55 kPa，隧道拱顶的压应力为 245.05 kPa；有溶洞时，Z 方向最大压应力值为 122.98 kPa，隧道拱顶的压应力为 243.97 kPa。有溶洞的情况下，各点的 Z 方向应力值均比无溶洞时要小。溶洞的存在会使隧道底部产生应力释放，隧道底部比无溶洞时的应力值小 74.3 kPa。因此，溶洞对整个模型 Z 方向应力分布影响较小，但是对隧道周围应力分布影响较大，会使隧道底部产生应力释放。

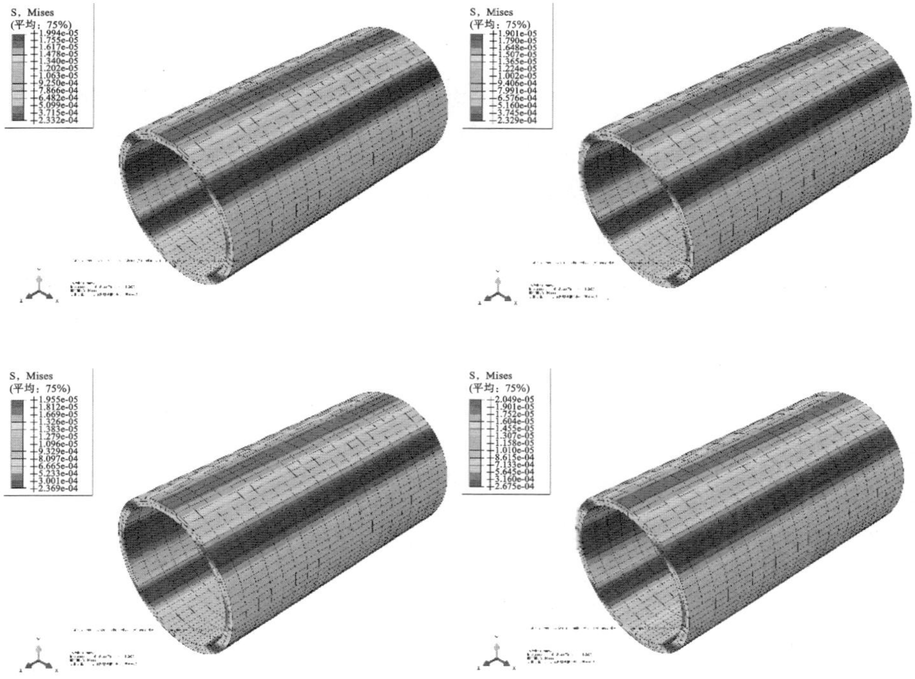

图 2-30　应力计算结果

综上所述，底部隐伏溶洞的存在会减少隧道周边水平方向应力，但其减少值很小；溶洞的存在会使各点的 Z 方向应力值均比无溶洞时要小，但减少值很小；底部隐伏溶洞的存在会使隧道底部产生应力释放。

分析表明，隧道底部存在溶洞时，会出现以下情况。

(1)由于隧道衬砌的加固与跨越作用，隧道底部的溶洞对隧道开挖的影响较小。有、无溶洞时衬砌沉降变化并不明显，但溶洞加大了衬砌的弯矩。

(2)当隧道底部溶洞几何尺寸(长轴半径)小于 3 m 时，隧道与溶洞安全净距不得小于 4 m，情况一、二下所得结论相同。

(3)当溶洞几何尺寸(长轴半径)大于 3 m、小于 8 m 时，隧道开挖面与溶洞安全净距必须要大于 8 m，情况一、二下所得结论相同。

(4)溶洞较小且与隧道净距较小时，塑性区主要分布在隧道拱脚和拱顶处；溶洞较大而与隧道净距较小时，塑性区主要分布在溶洞自身(洞顶)周围，隧道拱脚处分布范围相对变小。

(5)岩层最大、最小主应力及最大剪应变随着溶洞几何尺寸的增大和与隧道净距的减小而显著增大。

(6)隧道衬砌的纵向弯矩随着溶洞几何尺寸的增大和与隧道净距的减小而显著增大(其最大值也出现在隧道顶部，也就是溶洞所在的断面处)。

(7)隧道开挖时，与无溶洞相比，有溶洞时的地表横断面沉降值显著增大，在隧道中线位置地表沉降量最大。在远离开挖位置的地方，开挖对沉降量的影响相对较小，沉降曲线大致成漏斗形。

(8)底部溶洞对于整个岩层横断面沉降值的影响范围比侧部溶洞的影响范围要小，但对隧道中线位置及其附近的地表沉降量差值而言，底部溶洞的影响要比侧部溶洞大。

(9)原则上安全距离不得小于最大的溶洞尺寸值，否则必须采用注浆等加固方式对隧道附近土体进行加固。

3. 底部溶洞与隧道净距对隧道的影响

下面分析隧道底部直径分别为 2 m、4 m、6 m 的隐伏圆形溶洞，与隧道净距由 2 m 增大到 10 m 时，轨道交通隧道的表现性状的变化情况。

(1)溶洞与隧道净距对地表沉降的影响。

溶洞与隧道净距从 2 m 增大到 10 m 时，地表最大沉降位移的变化如图 2-31 所示。

隧道底部存在隐伏溶洞会造成地表沉降位移的增大。从图 2-31 可以

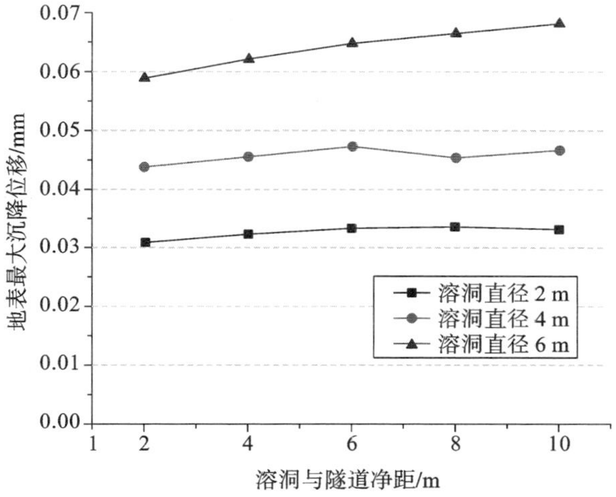

图 2-31　溶洞与隧道净距对地表最大沉降位移的影响

看出，在溶洞直径一定的情况下，随着溶洞与隧道净距的增大，地表最大沉降位移整体呈增加趋势，但增加的值较小。

(2)溶洞与隧道净距对隧道位移的影响。

溶洞与隧道净距从 2 m 增大到 10 m 时，隧道拱顶、拱底处竖向位移和拱腰处水平位移的变化分别如图 2-32～图 2-34 所示。

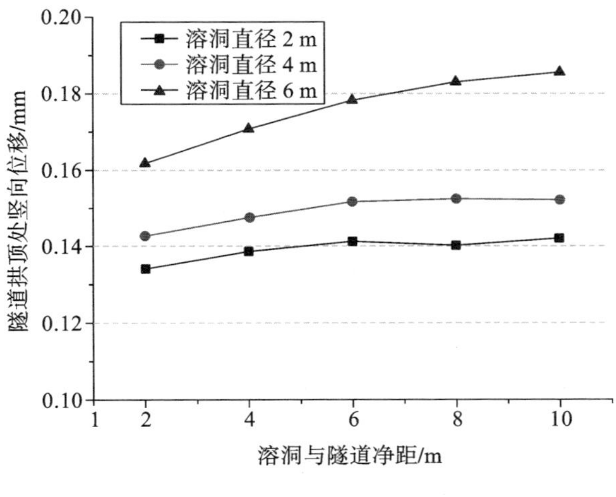

图 2-32　溶洞与隧道净距对隧道拱顶处竖向位移的影响

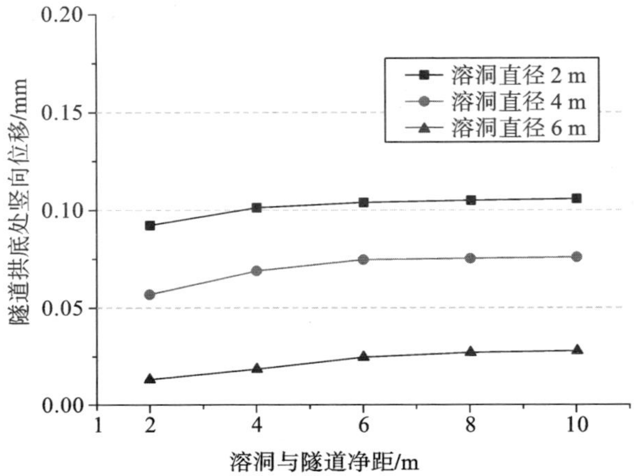

图 2-33　溶洞与隧道净距对隧道拱底处竖向位移的影响

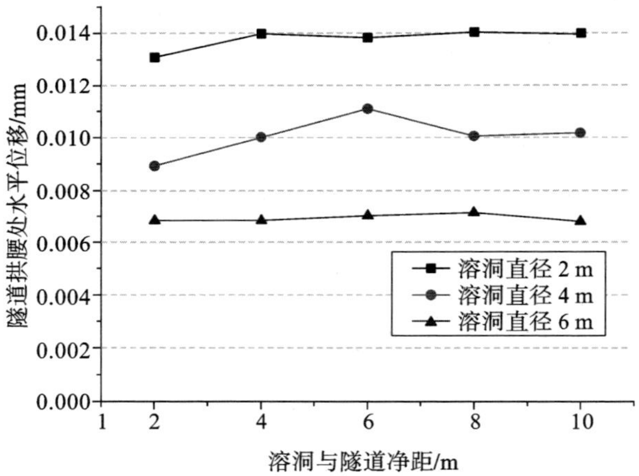

图 2-34　溶洞与隧道净距对隧道拱腰处水平位移的影响

当隧道底部存在隐伏溶洞时，隧道拱顶的下沉位移比无溶洞时要大，并且从图 2-32 可以看出，当溶洞与隧道净距较小时，随着净距的增大，隧道拱顶的下沉位移整体呈增加趋势，在净距达到一定值后，隧道拱顶竖向位移趋于稳定。溶洞直径越小，隧道拱顶的下沉位移越早趋于稳定。

若隧道底部存在隐伏溶洞，当溶洞直径较小（如本例中的 2 m）时，隧道拱底处的隆起位移较无溶洞时有所增加；而当溶洞直径较大（如本例中的

6 m)时，隧道拱底处的隆起位移较无溶洞时会明显减小。从图 2-33 可以看出，在溶洞与隧道净距较小时，随着净距的增大，隧道拱底处的隆起位移逐渐增加，在净距达到一定值后，隆起位移值逐渐趋于稳定。

隧道底部存在隐伏溶洞，当溶洞直径较小(如本例中的 2 m)时，隧道拱腰处的水平向位移较无溶洞时有所增加；而当溶洞直径较大(如本例中的 6 m)时，隧道拱腰处的水平向位移较无溶洞时会有少量的减少。从图 2-34 可以看出，溶洞与隧道净距对隧道拱腰处水平位移的影响较小。

分析隧道底部隐伏溶洞的存在引起隧道位移变化的内在机理，一方面，隧道底部溶洞的存在，削弱了隧道拱底围岩的整体性，隧道拱底岩体变形刚度降低，相当于隧道底部约束变弱，隧道有向溶洞方向移动的趋势，从而使隧道拱顶的下沉位移增大，地表沉降位移也随之增大；但另一方面，底部溶洞的屏蔽效应使得隧道拱底围岩应力减少，隧道拱底隆起位移随之增加。在溶洞直径较大时，底部溶洞对隧道围岩刚度的减小作用要大于其对隧道应力的屏蔽作用，因此隧道拱底隆起位移减少。随着溶洞直径的减小，底部溶洞的应力屏蔽效果随之增强，底部溶洞应力屏蔽引起的位移增加量大于因岩体刚度降低而产生的位移减小量，因此，隧道拱底隆起位移增加。

4. 底部溶洞直径对隧道的影响

下面分析隧道底部与隧道净距分别为 2 m、4 m、6 m 的隐伏溶洞，直径从 2 m 增大到 6 m 时，轨道交通隧道性状的变化情况。

(1)溶洞直径对地表沉降的影响。

溶洞直径从 2 m 增大到 6 m 时，地表最大沉降位移如图 2-35 所示。

隧道底部存在隐伏溶洞会造成地表沉降位移增大。从图 2-35 可以看出，在溶洞与隧道净距一定的情况下，随着溶洞直径的增大，地表最大沉降位移逐渐增加。

(2)溶洞直径对隧道位移的影响。

溶洞直径从 2 m 增大到 6 m 时，隧道拱顶、拱底处竖向位移和拱腰处水平位移的变化分别如图 2-36～图 2-38 所示。

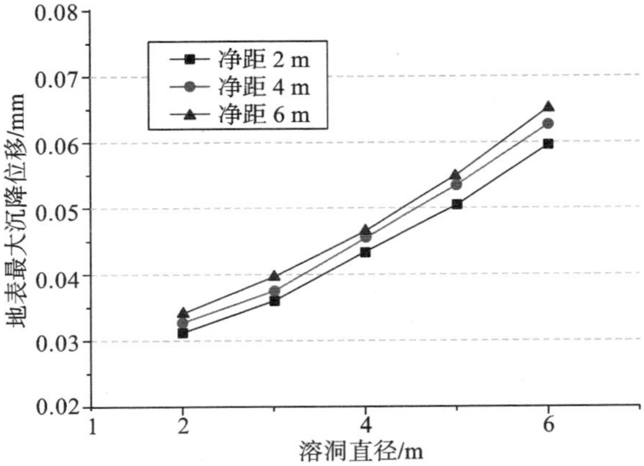

图 2-35 溶洞直径对地表最大沉降位移的影响

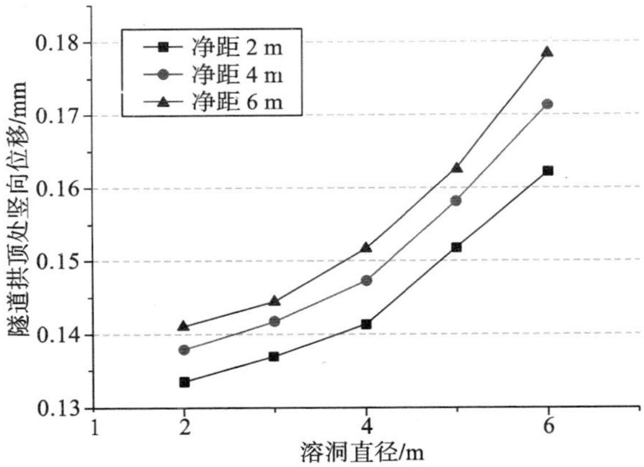

图 2-36 溶洞直径对隧道拱顶处竖向位移的影响

从图 2-36 可以看出，当隧道底部存在隐伏溶洞时，在溶洞与隧道净距一定的情况下，随着溶洞直径的增大，隧道拱顶的下沉位移逐渐增大，并且随着溶洞直径的增大，下沉位移增加速度越来越快。

从图 2-37 可以看出，隧道底部存在隐伏溶洞，在溶洞与隧道净距一定的情况下，随着溶洞直径的增大，隧道拱底的隆起位移值逐渐减小。

从图 2-38 可以看出，隧道底部存在隐伏溶洞，在溶洞与隧道净距一定的情况下，随着溶洞直径的增大，隧道拱腰处水平位移逐渐减小。

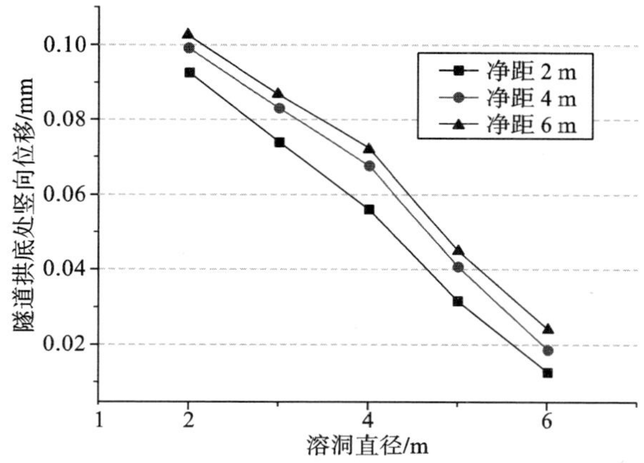

图 2-37 溶洞直径对隧道拱底处竖向位移的影响

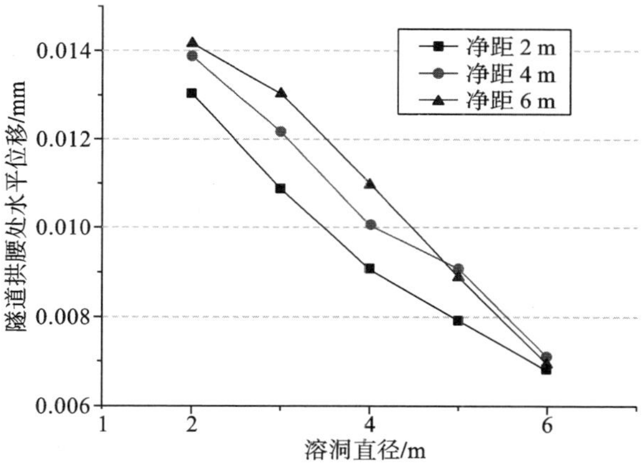

图 2-38 溶洞直径对隧道拱腰处水平位移的影响

分析隧道底部隐伏溶洞的存在引起隧道竖向位移变化的内在机理，隧道底部溶洞的存在，削弱了隧道拱底围岩的整体性，隧道拱底岩体变形刚度降低，相当于隧道底部约束变弱，隧道有向溶洞方向移动的趋势。随着溶洞直径的增大，隧道拱底围岩的变形刚度逐渐降低，隧道底部的约束逐渐减弱，从而使隧道拱顶的下沉位移逐渐增大，地表最大沉降位移也随之增大，隧道拱底的隆起位移则逐渐减小。

分析隧道拱腰处水平位移的变化特征，当隧道底部溶洞直径增大时，在溶洞与隧道净距一定的情况下，隧道底部的约束随之逐渐减弱，隧道拱顶和拱底围岩对隧道衬砌的挤压作用减弱，从而使隧道拱腰处水平位移产生逐渐减小的趋势。

3 基于可拓云的岩溶地区盾构施工邻近建筑物安全风险预评价和管控

轨道交通盾构施工必然会对周围土体产生一定的扰动，从而引起土体变形和地表沉降。当地层移动和地表变形超过一定的限度时，就会造成地面沉陷及周边建筑物损害等事故，造成严重的经济损失和不良影响。尤其是建筑物密集的城市中心区域地下隧道工程建设，更需要严格控制轨道交通盾构施工对邻近建筑物的损害。因此，从防患于未然的角度出发，在隧道工程决策设计阶段开展对邻近建筑物的影响因素分析及其安全风险预评价，对于盾构施工邻近建筑物的保护具有十分重要的意义。

岩溶地区隧道盾构施工会引起土体介质扰动，危及隧道附近建筑物的安全。为准确感知岩溶盾构施工邻近建筑物的安全风险状态，本书提出了一种基于最优云熵的安全风险评估方法，基于大量工程实践、模拟分析和文献资料，综合考虑隧道本身、地质条件、建筑条件、施工管理等影响因素，可在岩溶地区盾构施工前构建邻近建筑物的风险评价指标体系和评价标准。该方法为解决复杂系统风险评估的随机性和模糊性，利用扩展云将原始数据直接转换为安全风险等级，避免数据归一化处理造成的信息丢失，实现定性和定量结果的自由转换。该方法基于自适应评价对象的最优云熵计算方法，对传统的可拓云理论进行改进，同时考虑指标分类的清晰度和模糊性，进一步提高了岩溶地区盾构施工邻近建筑物安全评价结果的可靠性。通过敏感性分析识别出关键风险因素，有助于对邻近建筑的安全防护实施有效的控制措施。本书将该方法用于评价贵阳轨道交通 3 号线某岩溶地质地段的 10 栋邻近建筑的安全风险，验证了其适用性和准确性。实例研究结果表明，该安全风险评价方法能够有效处理风险事件的不确定性，评价结果与实际建筑安全风险状况一致，具有较强的科学性和可行性。

3.1 可拓云安全风险评价理论

3.1.1 可拓理论

1. 可拓表示

可拓理论包括逻辑单元、物元理论和可拓数学，用于扩展和解决客观世界的矛盾和模糊场，通过建立具有形式特征的模型，为解决不相容问题提供新的思路和方法。可拓学以物元为基本单元，利用基于物元模型的数学方法来解释各种物质或现象，处理通过数学计算引入的特征的冲突。由此，具有特征和大小的事物形成一个有序的三元组，可以表示为 $\boldsymbol{R}=(N,X,V)$，如果事物 N 具有多重特征，则其 n 个特征 $X_1,X_2,\cdots,X_n$ 及其特征值 $V_1,V_2,\cdots,V_n$ 构成对事物的描述，如式(3.1)所示：

$$\boldsymbol{R}=[N,X,V]=\begin{bmatrix} N & X_1 & V_1 \\ & X_2 & V_2 \\ & \vdots & \vdots \\ & X_n & V_n \end{bmatrix}=[N \quad X_i \quad V_i],\quad i=1,2,\cdots,n \tag{3.1}$$

2. 节点域与经典域

可拓学提出节点域和经典域的概念来描述事物特征属性的不同区间的量子化值与区间边界之间的位置。这里节点域是特定特征属性值的边界范围，表示为 $\boldsymbol{R}_p=(N_p,X,V_p)$，经典域是单个特征属性区间，用 $\boldsymbol{R}_j=(N_j,X,V_j)$ 表示。

3.1.2 高斯云模型理论

高斯云模型可以很好地将定性概念转化为定量值，其中 Ex 代表定性概念的一般特征，熵 En 代表定性概念的模糊性，超熵 He 反映随机性。这三者可以更好地表达定性概念的模糊性和随机不确定性。结合可拓学和高斯云模型两种理论方法的优点，将事物的特征值 V 替换为云模型进行表达，这样就可以得到一个可扩展云模型。采用云物元可以更方便地处理模糊不确定性问题。云物元可以表示为式(3.2)所示的形式：

$$\boldsymbol{R}=[N,X,V]=\begin{bmatrix} N & X_1 & (\mathrm{Ex}_1,\mathrm{En}_1,\mathrm{He}_1) \\ & X_2 & (\mathrm{Ex}_2,\mathrm{En}_2,\mathrm{He}_2) \\ & \vdots & \vdots \\ & X_n & (\mathrm{Ex}_n,\mathrm{En}_n,\mathrm{He}_n) \end{bmatrix} \tag{3.2}$$

待评估对象的值与云物元之间的关联度 k 可用式(3.3)计算：

$$k=\exp\left[\frac{-(x-\mathrm{Ex})^2}{2\mathrm{En}'^2}\right] \tag{3.3}$$

式中，En'为正态随机数，其期望值为 En，其超熵为 He；x 为待评估对象的值，x 属于云模型的关联度为 y，则(x,y)在云模型中称为云滴。

3.2 盾构施工邻近建筑物安全风险评估框架

3.2.1 确定评价指标

岩溶地区盾构施工引起的安全风险受多种因素影响。轨道交通盾构施工对邻近建筑物造成的安全风险不仅受到土体相互作用的影响，还受到建筑物本身的影响。本书在前人研究和大量工程实践的基础上，基于隧道参数、地质条件参数、建筑参数、施工管理因素四个主要的安全评价类别，选取15个二级指标对岩溶地区盾构施工进行评价，二级指标编码为X1～X15。具体评价指标体系如图3-1所示。

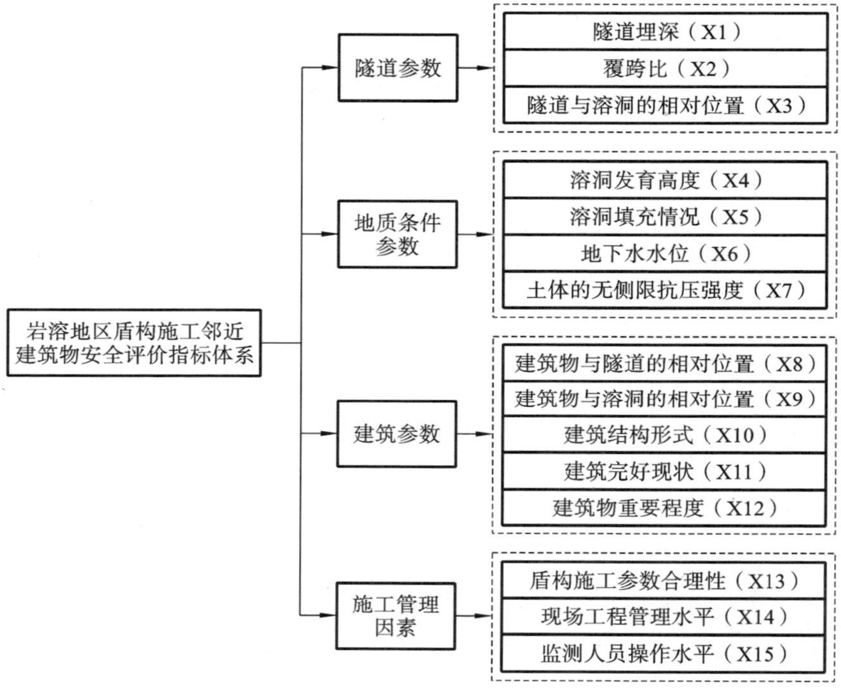

图3-1　岩溶地区盾构施工邻近建筑物安全评价指标体系

四个主要的安全评价类别下的相关指标具有以下特征。

(1)隧道参数：盾构轨道交通隧道埋深(X1)、覆跨比(X2)等因素对周围土体和建筑物影响较大。此外，隧道与溶洞的相对位置(X3)也可能导致隧道失稳和坍塌，并可能导致上覆土体受力不均匀，影响地表沉降，进而影响邻近建筑物的安全。

(2)地质条件参数：盾构机开挖会影响承载建筑物荷载的外部土体，因此地质条件是影响两者相互作用的关键因素。溶洞发育高度(X4)和溶洞填充情况(X5)对建筑物安全有重要影响。地下水水位(X6)和土体的无侧限抗压强度(X7)也是影响建筑物沉降的重要因素。

(3)建筑参数:建筑物承受外部荷载,保持原有形状而不受破坏,这与盾构施工邻近建筑物与隧道的相对位置(X8)及建筑物与溶洞的相对位置(X9)密切相关。位置越近,受溶洞的影响越大,沉降也越大。另外,建筑结构形式(X10)、建筑完好现状(X11),以及建筑物重要程度(X12)也是影响盾构施工邻近建筑物安全的因素。

(4)施工管理因素:在岩溶地区轨道交通盾构施工过程中,除了需要考虑施工的外部条件,还需要考虑盾构施工参数合理性(X13)、现场工程管理水平(X14)及相关监测人员操作水平(X15)。这些因素对于保证岩溶地区盾构施工的顺利进行和邻近建筑物的安全都非常重要。

3.2.2 建立评价标准

在岩溶地区盾构施工邻近建筑物安全评价指标体系中,不只有可以通过实际工程测量来衡量的客观因素(X1～X9),还有需要结合工程领域专家进行分级的主观因素(X10～X15)。本书在大量工程实践的基础上,参考前人对岩溶地区轨道交通盾构施工影响邻近建筑物安全评价指标分级的研究,首先将安全评价分为五个等级,等级越高,评价指标的风险越高,邻近建筑物安全状况越差;然后建立三维有限元模型,对隧道及建筑物周围溶洞进行有限元模拟,分析不同位置溶洞对隧道及邻近建筑物的影响。

考虑溶洞对隧道及邻近建筑物的影响,基于仿真分析得到的影响规律,本书建立了岩溶地区盾构施工邻近建筑物安全评价等级及评价标准,如表3-1所示。在此基础上,本书归纳了不同风险等级的岩溶地区盾构施工邻近建筑物安全控制措施,如表3-2所示。

表 3-1 岩溶地区盾构施工邻近建筑物安全评价等级及评价标准

<table>
<tr><th rowspan="2">类型</th><th rowspan="2" colspan="3">指标</th><th colspan="5">安全等级</th></tr>
<tr><th>1 级</th><th>2 级</th><th>3 级</th><th>4 级</th><th>5 级</th></tr>
<tr><td rowspan="5">隧道参数</td><td>X1</td><td colspan="2">隧道埋深/m</td><td>[20,40]</td><td>[14,20)</td><td>[10,14)</td><td>[5,10)</td><td>[0,5)</td></tr>
<tr><td>X2</td><td colspan="2">覆跨比</td><td>[3,5]</td><td>[2,3)</td><td>[1,2)</td><td>[0.5,1)</td><td>[0,0.5)</td></tr>
<tr><td rowspan="3">X3</td><td rowspan="3">隧道与溶洞的相对位置/m</td><td>一侧</td><td>[24,30]</td><td>[18,24)</td><td>[12,18)</td><td>[6,12)</td><td>[0,6)</td></tr>
<tr><td>上方</td><td>[20,30]</td><td>[15,20)</td><td>[10,15)</td><td>[5,10)</td><td>[0,5)</td></tr>
<tr><td>底部</td><td>[20,30]</td><td>[13,20)</td><td>[7,13)</td><td>[3,7)</td><td>[0,3)</td></tr>
<tr><td rowspan="4">地质条件参数</td><td>X4</td><td colspan="2">溶洞发育高度/m</td><td>[0,0.5)</td><td>[0.5,1)</td><td>[1,2)</td><td>[2,4)</td><td>[4,8]</td></tr>
<tr><td>X5</td><td colspan="2">溶洞填充情况/(%)</td><td>[85,100]</td><td>[70,85)</td><td>[50,70)</td><td>[30,50)</td><td>[0,30)</td></tr>
<tr><td>X6</td><td colspan="2">地下水水位/m</td><td>[15,30]</td><td>[7,15)</td><td>[4,7)</td><td>[2,4)</td><td>[0,2)</td></tr>
<tr><td>X7</td><td colspan="2">土体的无侧限抗压强度/MPa</td><td>[75,100]</td><td>[50,75)</td><td>[25,50)</td><td>[5,25)</td><td>[0,5)</td></tr>
<tr><td rowspan="5">建筑参数</td><td>X8</td><td colspan="2">建筑物与隧道的相对位置/m</td><td>[30,40]</td><td>[20,30)</td><td>[10,20)</td><td>[5,10)</td><td>[0,5)</td></tr>
<tr><td>X9</td><td colspan="2">建筑物与溶洞的相对位置/m</td><td>[26,35]</td><td>[18,26)</td><td>[10,18)</td><td>[4,10)</td><td>[0,4)</td></tr>
<tr><td>X10</td><td colspan="2">建筑结构形式/分</td><td>[80,100]</td><td>[60,80)</td><td>[40,60)</td><td>[20,40)</td><td>[0,20)</td></tr>
<tr><td>X11</td><td colspan="2">建筑完好现状/分</td><td>[80,100]</td><td>[60,80)</td><td>[40,60)</td><td>[20,40)</td><td>[0,20)</td></tr>
<tr><td>X12</td><td colspan="2">建筑物重要程度/分</td><td>[80,100]</td><td>[60,80)</td><td>[40,60)</td><td>[20,40)</td><td>[0,20)</td></tr>
<tr><td rowspan="3">施工管理因素</td><td>X13</td><td colspan="2">盾构施工参数合理性/分</td><td>[80,100]</td><td>[60,80)</td><td>[40,60)</td><td>[20,40)</td><td>[0,20)</td></tr>
<tr><td>X14</td><td colspan="2">现场工程管理水平/分</td><td>[80,100]</td><td>[60,80)</td><td>[40,60)</td><td>[20,40)</td><td>[0,20)</td></tr>
<tr><td>X15</td><td colspan="2">监测人员操作水平/分</td><td>[80,100]</td><td>[60,80)</td><td>[40,60)</td><td>[20,40)</td><td>[0,20)</td></tr>
</table>

表 3-2 不同风险等级的岩溶地区盾构施工邻近建筑物安全控制措施

风险等级	程度	安全控制措施
1 级	安全	正常施工,例行监控,无须采取额外措施
2 级	低风险	正常施工;配合专业人员加强监测测量

续表

风险等级	程度	安全控制措施
3 级	风险	配合专业人员加大监测密度;加强盾构施工参数管理;经专家讨论加固建筑物和隧道
4 级	高风险	加强对基础变形和施工(结构)沉降的监测;地质调查,采取预加固措施;根据监测数据及时调整施工参数,加强信息化建设
5 级	极端风险	采取预加固和辅助加固措施;加强变形沉降监测和施工信息反馈分析;严格控制盾构掘进参数,优化施工方案;定期疏散人员,24小时巡逻,编制完善应急预案;加强信息化建设管理

3.3 盾构施工邻近建筑物安全风险评估建模

3.3.1 基于改进可拓云的风险关联度计算

1. 基于最优云熵计算方法的改进云模型

作为衡量状态等级概念模糊性的指标,云熵 En 的取值很关键,其值反映了状态等级概念的可接受值范围,将直接影响指标等级判断结果的准确性。传统的可拓云理论将层次区间边界视为双重约束空间,通过对层次区间边界进行适当的扩展得到高斯云$[C_{\min},C_{\max}]$。本书在前人研究的基础上,从对等级划分不同理解的角度,总结了两种不同的传统云熵计算方法。第一个基于"3En"规则的云熵计算公式为$En'=\frac{C_{\max}-C_{\min}}{6}$,第二个基于"50%相关"规则的计算公式为$En''=\frac{C_{\max}-C_{\min}}{23584}$。传统的云熵计算方法从等级划分的不同角度实现了云模型熵值的确定,但存在定性概念模糊性的问题，因此需要采用一种最优的云熵计算方法，通过考虑等级划分的显著性和模糊性来提高评价的可靠性。

以云滴图为例，正向云发生器生成云滴数为500的云滴样本图，如图3-2所示。

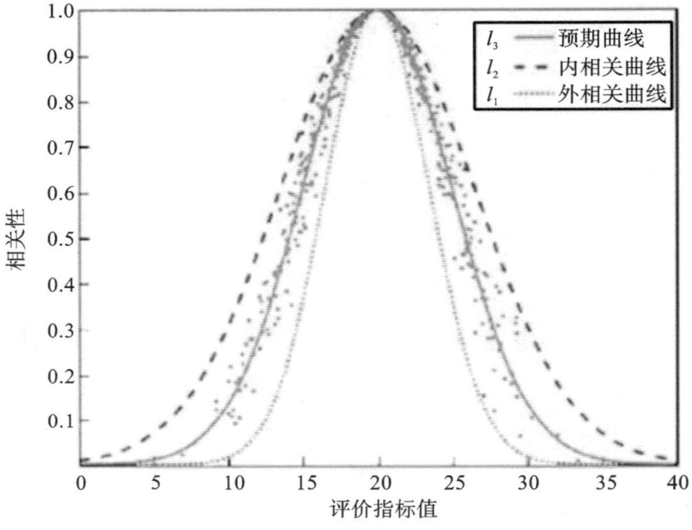

图3-2　云滴数为500的云滴样本图

图3-2中包括500云滴的曲线为云模型的内外相关曲线，内外相关曲线之间的曲线为云模型的预期曲线，对应的表达式如式(3.4)～式(3.6)所示：

$$l_1=\exp\left[\frac{-(x-\mathrm{Ex})^2}{2(\mathrm{En}-3\mathrm{He})^2}\right] \tag{3.4}$$

$$l_2=\exp\left[\frac{-(x-\mathrm{Ex})^2}{2(\mathrm{En}+3\mathrm{He})^2}\right] \tag{3.5}$$

$$l_3=\exp\left[\frac{-(x-\mathrm{Ex})^2}{2\mathrm{En}^2}\right] \tag{3.6}$$

假设评价对象的单一指标为值 x，l_1、l_2、l_3 数据分别为计算出的最小、最大和期望相关性 $k_{\min}$、$k_{\max}$、$k_{\exp}$。

假设评价指标的实际数据为 x_i，且评价指标具有安全等级 q，那么就有了等级云模型。$(\mathrm{He}_d)_{1\times q}$ 和 $(\mathrm{Ex}_d)_{1\times q}$ 分别表示云模型超熵集和期望值集。$(\mathrm{En}'_d)_{1\times q}$ 和 $(\mathrm{En}''_d)_{1\times q}$ 分别表示根据“3En”和“50%相关”规则计算的云熵集。云熵集为 $(\mathrm{En}_d)_{1\times q}d$，其中 d 表示某一水平，$d=1,2,\cdots,q$。

从相关曲线的定义可知，d 水平条件下，根据“3En”规则得到的数据 x_i 相关性最小值为 $k'_{\min\_d}$，根据“50%相关”规则得到的数据相关性最大值为 $k''_{\max\_d}$，而基于最优云熵方法得到的期望相关性为 $k_{\exp\_d}$。因此，计算三者之间的相关性偏差 $\Delta k_{\max}$ 如式(3.7)所示：

$$\Delta k_{\max}=(k_{\exp\_d}-k'_{\min\_d})^2\ (k''_{\max\_d}-k_{\exp\_d})^2 \tag{3.7}$$

当相关性偏差 $\Delta k_{\max}$ 最小时，即可求解最优云熵。因此，有一个非线性的决策规划模型 $\Delta k_{\max}$，如式(3.8)所示：

$$\begin{cases}\min\Delta k_{\max}(\mathrm{En})=\sum\limits_{d=1}^{q}\Delta k_{\max}\\ \text{s.t. } \mathrm{En}'_d\leqslant \mathrm{En}_d\leqslant \mathrm{En}''_d\end{cases} \tag{3.8}$$

通过求解式(3.8)，可以得到某一指标相对于各风险等级的最优云熵集 $\mathrm{En}=(\mathrm{En}_d)_{1\times q}$。本书将此最优云熵集作为扩展云模型的云熵，完成了对模型的改进，形成了一个改进的扩展云模型。

2. 安全级别相关度的计算

采用改进的扩展云评估方法，无须数据归一化就可以直接利用原始数据，有效避免了信息丢失的可能性。指标 i 的值为云滴 p_i，与第 j 级安全的改进扩展云模型 $(\mathrm{Ex}_{ij},\mathrm{En}_{ij},\mathrm{He}_{ij})$ 的相关性为 $q_{ij}(i=1,2,\cdots,n;j=1,2,3,4,5)$，如式(3.9)所示。$Q$ 表示评价对象的关联矩阵，如式(3.10)所示。在计算关联矩阵时会产生一定程度的随机性。En'_{ij} 是一个随机数，它遵循正态分布，由期望值 En_{ij} 和超熵 He_{ij} 产生。$\mathrm{En}'_{ij}Q$ 在实际应用中可结合蒙特卡洛模拟法，通过重复运算消除随机性。

$$q_{ij}=\exp\left[-\frac{(p_i-\mathrm{Ex}_{ij})^2}{2(\mathrm{En}'_{ij})^2}\right] \tag{3.9}$$

$$
\boldsymbol{Q} = \begin{bmatrix} q_{11} & q_{12} & \cdots & q_{15} \\ q_{21} & q_{22} & \cdots & q_{25} \\ \vdots & \vdots & \vdots & \vdots \\ q_{n1} & q_{n2} & \cdots & q_{n5} \end{bmatrix} \tag{3.10}
$$

3.3.2 确定评价建筑物的安全风险水平

1. 计算评价对象的安全风险等级

将得到的评价对象的关联度矩阵与轨道交通盾构施工引发的邻近建筑物安全评价体系 $\boldsymbol{Q}$ 的指标权重矩阵 $\boldsymbol{W}$ 相结合，利用式(3.11)即可得到评价对象的评价向量 $\boldsymbol{B}$。这里采用加权平均法计算评价对象的安全评价等级 K，计算评价等级的公式如式(3.12)所示。在计算过程中，安全评价等级 K 可能不是整数，因此本书采用累进法获得最终的安全风险等级。例如，如果计算得出某对象的最终安全等级为 2.3，则该对象的安全等级被评为 3 级，但有一定的向 2 级发展的趋势。

$$
\boldsymbol{B} = \boldsymbol{W} \times \boldsymbol{Q} = [b_1, b_2, \cdots, b_5] \tag{3.11}
$$

$$
K = \frac{\sum_{j=1}^{5} (b_j \times f_j)}{\sum_{j=1}^{5} b_j} \tag{3.12}
$$

式中，$f_j (j = 1,2,3,4,5)$ 为各安全等级的评价得分，其值为 j，即安全等级 1～5 级得分分别为 1、2、3、4、5。

2. 计算评价结果的信度因子

从上述风险关联度计算可以看出，被评价对象的关联度矩阵具有一定的随机不确定性。$\boldsymbol{Q}$ 经过 m 次迭代运算，可以采用蒙特卡洛模拟法得到综合安全评价水平。经过迭代运算，得到一个评价结果集 $(K_1, K_2, \cdots, K_m)$，其中 m 一般为 200，分别使用式(3.13)和式(3.14)计算迭代结果的期望值 $\mathrm{Ex}(K)$ 和标准差En（K），采用式(3.15)计算可靠性因子θ来衡量评价结果的可靠性。

$$\mathrm{Ex}(K)=\frac{K_1+K_2+\cdots+K_m}{m} \tag{3.13}$$

$$\mathrm{En}(K)=\sqrt{\frac{1}{m}\sum_{i=1}^{m}\left[K_i-\mathrm{Ex}(K)\right]^2} \tag{3.14}$$

$$\theta=1-\frac{\mathrm{En}(K)}{\mathrm{Ex}(K)} \tag{3.15}$$

Ex(K)反映了迭代评价结果的平均水平。En(K)度量了迭代评价结果的离散程度，值越小，表示迭代计算得到的评价结果越集中。θ值越小，迭代评价结果的离散趋势越明显，结果的可靠性越小；θ值越大，结果越可靠。

3.3.3 敏感性分析

敏感性分析的主要目的是识别评价指标体系中对综合安全水平影响较大的因素。根据表3-1建立的溶岩地区盾构施工邻近建筑物安全评价等级和评价标准，当评价体系中15个评价指标的数据发生变化时，风险等级评价结果也会发生变化。本书基于原始数据$X_i(i=1,2,\cdots,15)$，采用相关性和风险等级的计算方法得到数据变化程度分别为70%、80%、90%、100%、110%、120%、130%的风险等级评价结果$E_i(K_1)$、$E_i(K_2)$、$E_i(K_3)$、$E_i(K_4)$、$E_i(K_5)$、$E_i(K_6)$和$E_i(K_7)$。

随着评价指标数据的变化，风险水平评价值也会出现波动。通过计算这种波动的影响，就可以得到各个评价指标对风险级别评价值的敏感性。本书采用标准差SD$[E_i(K)]$来实现敏感性程度的定量表达，用来表示评价指标对风险水平评价值的敏感性，如式(3.16)所示。

$$\mathrm{SD}(E_i(K))=\sqrt{\frac{1}{7}\sum_{j=1}^{7}\left(E_i(K_j)-\overline{E}_i(K)\right)^2},\quad i=1,2,\cdots,15 \tag{3.16}$$

式中，$\overline{E}_i(K)$为$E_i(K_j)$的算术平均值，$j=1,2,\cdots,7$。

3.4 案例研究

3.4.1 工程背景

由于中国西部岩溶地质广泛发育，特殊的地质条件必然会使隧道施工比其他地质工程项目施工对邻近建筑物产生更为复杂的扰动影响。因此，本书以贵阳市的轨道交通为研究对象，图 3-3 为贵阳轨道交通环线示意图。

本书以贵阳轨道交通 3 号线四方河路站至皂角井站段为具体研究案例。该路段位于贵阳市南明区皂角井区域，包括 3 个站点、3 个路段，总长度为 4.2 km。四皂隧道埋深为 12.69～21.72 m，主要穿越抗压强度 45～778 MPa 的中风化白云岩地层，岩溶发育明显，两个溶洞充填率大。溶洞的充填材料为软塑性至塑性黏土，局部含小砾石。间隔场地地下水位深度为 1.0～12.5 m。根据四皂隧道断面设计文件、周边建筑防护图纸及断面工程施工勘察报告可知，沿隧道断面共分布 16 栋建筑，隧道沿断面平面图及周边部分建筑如图 3-4 和图 3-5 所示。隧道穿过许多老社区和华西大道，施工难度极大。施工过程采用地质雷达监测和先进地质预报指导施工，及时调整掘进参数，确保施工有序进行。

3.4.2 岩溶地区盾构施工邻近建筑物安全风险评估

1. 数据采集

本书根据上述工程概况，从四皂隧道沿线 16 栋建筑中选取 10 栋具有代表性的建筑进行调查分析，并根据图 3-1 构建的安全评价指标体系得到这 10 栋建筑的实际评价指标值 $X_1 \sim X_{15}$，如表 3-3 所示。

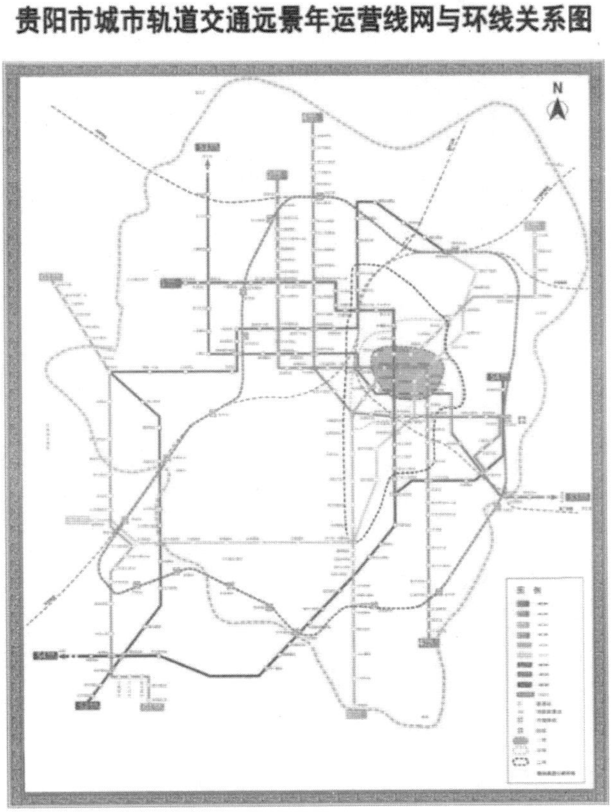

图 3-3　贵阳轨道交通环线示意图

图 3-4　四皂隧道四方河路站至皂角井站段沿断面平面图

(a) 2号楼　(b) 4号楼　(c) 7号楼　(d) 8号楼

图 3-5　贵阳轨道交通 3 号线四皂隧道周边部分建筑

表 3-3　四皂隧道沿线邻近建筑物实际评价指标值

指标值	1 号楼	2 号楼	3 号楼	4 号楼	5 号楼	6 号楼	7 号楼	8 号楼	9 号楼	10 号楼
X_1/m	13.34	18	20	21	22	21	22	22	22	22
X_2	2.15	2.9	3.23	3.39	3.55	3.39	3.55	3.55	3.55	3.55
X_3/m	17.3	4.1	10.9	9.4	10.8	11.4	9.4	8.3	14	18.1
X_4/m	3.7	2.7	2	5.9	2.5	2	2.9	4.4	2.5	2.5
X_5/(%)	83	82	85	86	84	79	88	77	80	87
X_6/m	4.07	3.87	4.75	2.61	4.59	1.38	3.25	4.82	4.5	4.49
X_7/MPa	68	61	67	62	65	68	60	58	67	65
X_8/m	4	8.24	16.7	20.14	21.4	17.7	11.98	3.35	15.3	24.53
X_9/m	28.31	3.25	12	13.77	15.25	20.67	11.67	9.74	30	33.27
X_{10}/分	83	71	78	75	79	76	69	72	81	79

续表

指标值	1号楼	2号楼	3号楼	4号楼	5号楼	6号楼	7号楼	8号楼	9号楼	10号楼
X_{11}/分	71	64	69	71	72	84	61	85	84	84
X_{12}/分	69	74	84	84	75	72	73	85	78	72
X_{13}/分	82	81	82	80	82	78	83	81	78	77
X_{14}/分	77	84	81	83	85	84	84	78	78	80
X_{15}/分	79	80	82	83	83	77	81	79	81	80

2. 基于最优云熵的数字特征值计算

在本书中，岩溶地区盾构施工邻近建筑物安全评价体系包含15个评价指标，每个评价指标划分为5个双重约束区间$[C_{min}, C_{max}]$，如表3-1所示。实际上，评价指标的风险水平区间边界具有随机和模糊不确定性，因此有必要借助云模型来表达这种不确定性。

评价指标云模型的数字特征值，即均值、熵和超熵，分别用区间划分标准和基于最优云熵的计算方法计算。Ex用式(3.17)计算，可根据表3-3中指标的实际情况进行调整。He为常数，本书采用的是0.002。

$$\mathrm{Ex} = \frac{C_{min} + C_{max}}{2} \tag{3.17}$$

由于篇幅限制，本书仅以7号楼为例，展示完整的计算过程。通过最优云熵计算方法，可以利用式(3.13)、式(3.14)、式(3.17)得到岩溶地区盾构施工邻近建筑物风险等级评价指标云模型的数字特征值，结果如表3-4所示。

表3-4　7号楼风险等级评价指标云模型的数字特征值

指标值	1级			2级			3级			4级			5级		
	Ex	En	He	Ex	En	He	Ex	En	He	Ex	En	He	Ex	En	He
X_1	30	5.512	0.002	17	2.189	0.002	12	1.671	0.002	7.5	2.098	0.002	2.5	2.112	0.002
X_2	4	0.468	0.002	2.5	0.388	0.002	1.5	0.418	0.002	0.75	0.212	0.002	0.25	0.212	0.002
X_3	27	2.518	0.002	21	2.472	0.002	15	2.250	0.002	9	1.318	0.002	3	2.312	0.002

续表

指标值	1级			2级			3级			4级			5级		
	Ex	En	He	Ex	En	He	Ex	En	He	Ex	En	He	Ex	En	He
X_4	0.25	0.212	0.002	0.75	0.212	0.002	1.5	0.405	0.002	3	0.434	0.002	6	1.431	0.002
X_5	92.5	3.756	0.002	77.5	5.187	0.002	60	8.003	0.002	40	8.320	0.002	15	12.485	0.002
X_6	22.5	5.940	0.002	11	3.023	0.002	5.5	1.064	0.002	3	0.443	0.002	1	0.781	0.002
X_7	87.5	9.670	0.002	62.5	5.557	0.002	37.5	9.285	0.002	15	8.297	0.002	2.5	2.123	0.002
X_8	35	4.155	0.002	25	3.969	0.002	15	2.508	0.002	7.5	1.858	0.002	2.5	2.059	0.002
X_9	30.5	3.723	0.002	22	3.173	0.002	14	1.987	0.002	7	2.147	0.002	2	1.669	0.002
X_{10}	90	7.673	0.002	70	4.397	0.002	50	7.520	0.002	30	8.233	0.002	10	8.380	0.002
X_{11}	90	8.034	0.002	70	5.786	0.002	50	6.307	0.002	30	8.088	0.002	10	8.340	0.002
X_{12}	90	7.325	0.002	70	4.526	0.002	50	7.794	0.002	30	8.278	0.002	10	8.394	0.002
X_{13}	90	5.248	0.002	70	6.738	0.002	50	8.134	0.002	30	8.352	0.002	10	8.421	0.002
X_{14}	90	5.010	0.002	70	6.915	0.002	50	8.134	0.002	30	8.357	0.002	10	8.423	0.002
X_{15}	90	5.786	0.002	70	6.307	0.002	50	8.088	0.002	30	8.340	0.002	10	8.416	0.002

本书以指标隧道埋深(X1)、隧道与溶洞的相对位置(X3)、溶洞发育高度(X4)、建筑完好现状(X11)为例,对每个评价指标构建不同的安全风险等级,得到的云模型的结果如图 3-6 所示。图 3-6 显示,考虑到模糊性和随机性,优化后的云熵改进云建立的分层云在区间边界处会有不同程度的交集。

3. 计算各指标关联度

在表 3-4 云模型数字化特征值的基础上,根据 7 号楼的指标数据和公式计算改进后的扩展云模型第 j 个风险等级的第 j 评价指标关联度,我们得到了 7 号楼各风险等级指标的关联度,如图 3-7 所示。图 3-7 显示,指标 X4、X3、X6 的风险水平在 4 级相关度最高,其值均接近 1;指标 X9、X8、X11 的风险水平在 3 级相关度最高,其值几乎都大于 0.5。因此,需要给予这些指标更多的关注。根据各指标的关联度建立相关矩阵 $\boldsymbol{Q}$,如式(3.18)所示。

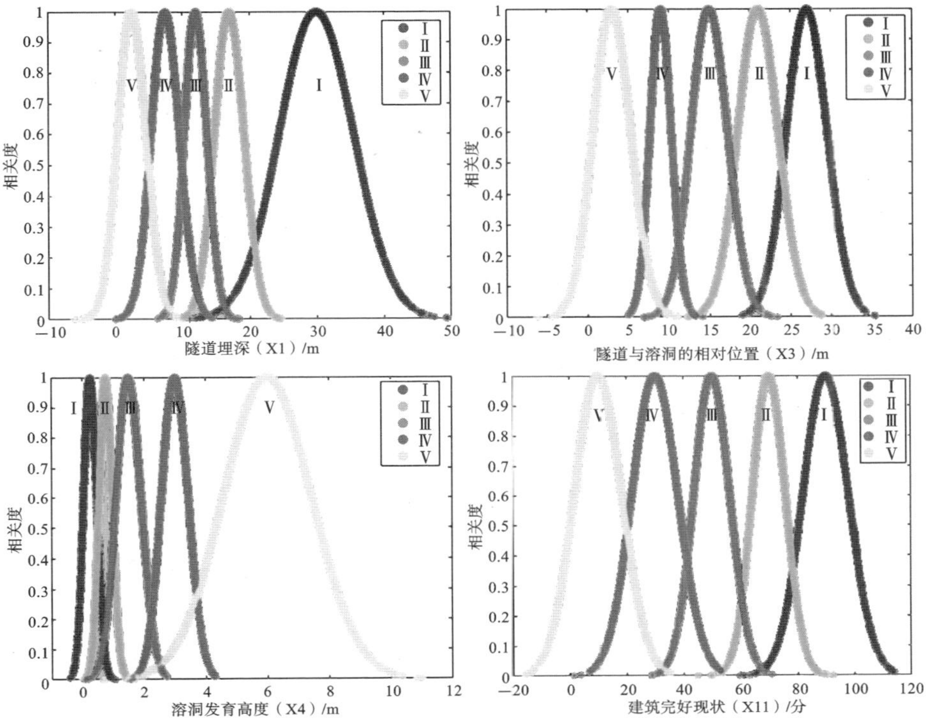

图 3-6　7 号楼的指标 X1、X3、X4 和 X11 云模型特征值

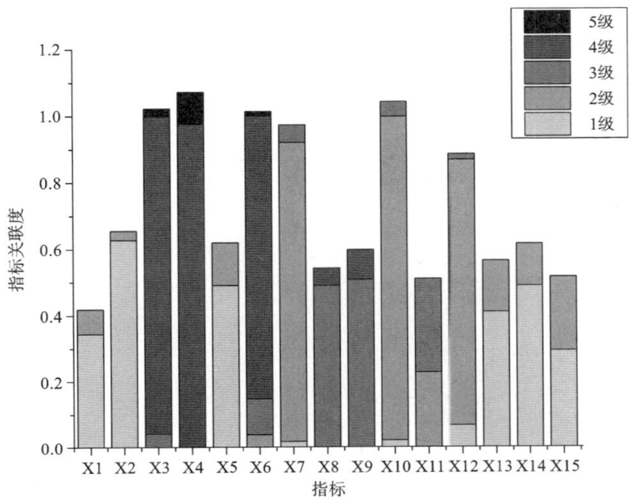

图 3-7　7 号楼各风险等级指标关联度

$$
\boldsymbol{Q}=\begin{bmatrix}
0.348 & 0.073 & 0 & 0 & 0 \\
0.628 & 0.026 & 0 & 0 & 0 \\
0 & 0 & 0.045 & 0.955 & 0.022 \\
0 & 0 & 0.002 & 0.974 & 0.096 \\
0.488 & 0.129 & 0.002 & 0 & 0 \\
0.005 & 0.037 & 0.107 & 0.852 & 0.015 \\
0.018 & 0.904 & 0.053 & 0 & 0 \\
0 & 0.005 & 0.484 & 0.055 & 0 \\
0 & 0.005 & 0.503 & 0.093 & 0 \\
0.024 & 0.974 & 0.041 & 0 & 0 \\
0.001 & 0.225 & 0.284 & 0.001 & 0 \\
0.068 & 0.803 & 0.013 & 0 & 0 \\
0.411 & 0.156 & 0 & 0 & 0 \\
0.488 & 0.129 & 0 & 0 & 0 \\
0.298 & 0.218 & 0.001 & 0 & 0
\end{bmatrix} \tag{3.18}
$$

4. 风险评估流程

(1)计算评价对象的安全风险等级。

首先,采用专家打分法,得到各评价指标的最终综合权重矩阵:

$\boldsymbol{W}=[0.0855, 0.0678, 0.0826, 0.0826, 0.0594, 0.0378, 0.0378, 0.0809, 0.0836, 0.0648, 0.0674, 0.0610, 0.0664, 0.0669, 0.0556]^{\mathrm{T}}$。

然后,根据式(3.11),可以得到 7 号楼的判断向量矩阵:

$$\boldsymbol{B}=\boldsymbol{W}\times\boldsymbol{Q}=[0.1851, 0.2126, 0.1139, 0.2038, 0.0103]$$

根据式(3.12),计算 7 号楼的安全评价等级 $K=2.5062$,根据"进一步法",7 号楼的安全风险等级为 3 级,被认为是具有中等风险的。

(2)计算评价结果的信度因子。

为消除相关性矩阵计算的随机性,采用蒙特卡洛模拟法迭代计算 200 次,利用式(3.13)、式(3.14)和式(3.15)得到 7 号楼安全风险等级为 3 级的

可靠度因子 $\theta=0.9997$。

基于相同的计算过程，可得到 1～10 号楼的综合安全评价等级 K、可靠度因子 θ、风险等级及风险排序如表 3-5 所示。

表 3-5　1～10 号楼综合安全评价等级、可靠度因子、风险等级及风险排序

指标	1 号楼	2 号楼	3 号楼	4 号楼	5 号楼	6 号楼	7 号楼	8 号楼	9 号楼	10 号楼
K	2.338	4.658	2.225	3.551	2.177	2.186	2.506	2.459	2.045	1.891
θ	0.9996	0.9996	0.9998	0.9997	0.9993	0.9995	0.9997	0.9997	0.9993	0.9991
风险等级	3 级	5 级	3 级	4 级	3 级	3 级	3 级	3 级	3 级	2 级
风险排序	5	1	6	2	8	7	3	4	9	10

5. 风险评估结果分析

(1)隧道沿线建筑物整体风险分析。

总体而言，10 座建筑中，2 号楼被评为 5 级(极端风险)，4 号楼被评为 4 级(高风险)，10 号楼被评为 2 级(低风险)，其余隧道邻近的建筑物被评为 3 级(中等风险)。计算得到的各建筑的可靠度因子 θ 都接近 1，说明各建筑最终的风险等级评价结果都是高度可靠的，证明了本书采用的评价方法是准确可靠的。

最终的评价结果与贵阳轨道交通 3 号线的实际情况一致。该项目穿越贵州岩溶地区，风险评估最终结果为整体安全，但部分建筑的风险等级较高，需要施工方加强重视。施工人员要对已探明的洞室提前进行注浆，并根据实际工程中反映的数据优化施工方案，可以制定相关的应急预案和建筑物安全监测预警措施，从而减少盾构施工对邻近建筑物的影响。

(2)个别建筑物的风险分析。

从风险排序来看，2 号、4 号、7 号、8 号楼是风险最高的 4 栋楼，主要原因如下：

2 号、4 号楼风险等级过高，是实际施工过程中需要重点关注和保护的对象。2 号楼风险等级如此高的主要原因是隧道与溶洞距离近（$X_3=4.1$ m）、建筑物与隧道距离近（$X_8=8.24$ m）、建筑物与溶洞距离近（$X_9=3.25$ m）。2 号楼是学校，建筑物的重要性很高，一旦盾构施工造成安全风险，对建筑物及周边居民生命财产安全的影响较大，必须予以高度重视。4 号楼危险性高的原因主要是溶洞发育高度高（$X_4=5.9$ m）和地下水水位高（$X_6=2.61$ m），必要时，应在盾构施工前采取现场加固等措施，确保岩溶地区安全施工。

7 号、8 号楼风险等级较高。7 号楼风险较高的原因主要是建筑物与隧道距离较近（$X_8=11.98$ m），且建筑结构形式和完整状态不理想。根据现场勘察报告，砌体结构构件中发现明显裂缝，裂缝安全等级被评定为 Cu 级；房屋预制板间连接处出现裂缝，装配板之间连接处裂缝的宽度为 0.089～0.750 mm，房屋安全综合评价等级为 Csu 级。8 号楼安全风险较高的原因是该建筑物与隧道距离较近（$X_8=3.35$ m），且相对靠近溶洞（$X_9=9.74$ m），因此需要工程管理人员加强信息化施工管理控制，为施工方案优化和应急响应建议提供支持。

6. 关键影响因素分析

根据前述敏感性分析方法，本书以 7 号楼为例，将评价指标值 $X_i(i=1,2,\cdots,15)$ 改为原始数据的 70%、80%、90%、100%、110%、120%、130%，评价指标变化对综合评价值波动的影响如图 3-8 所示。用标准差对各评价指标的敏感性进行量化，各指标的敏感性如图 3-9 所示。另外 9 栋建筑物的敏感性分析结果也采用同样的方法得到，如图 3-10 所示。分析结果如下：

(1)图 3-8 显示，评价指标观测值的波动对安全风险综合评价值影响较大。当指标值的变化范围为原始数据的 70% 到 130%，评估风险等级值在一定程度上波动，其中最大的四个指标值波动：隧道和溶洞的相对位置指标值（X_3）在 100%和 130%之间下降了 0.13，溶洞发育高度指标值（X_4）在 70%和 130%之间上升了 0.2，建筑结构形式指标值（X_{10}）和建筑重要程度指标值(X_{12})分别在70%和130%之间下降了0.16和0.15。波动越大,对风险评价结果的影响越大,这也说明本书在评价指标的选择上是有针对性的、可靠的。

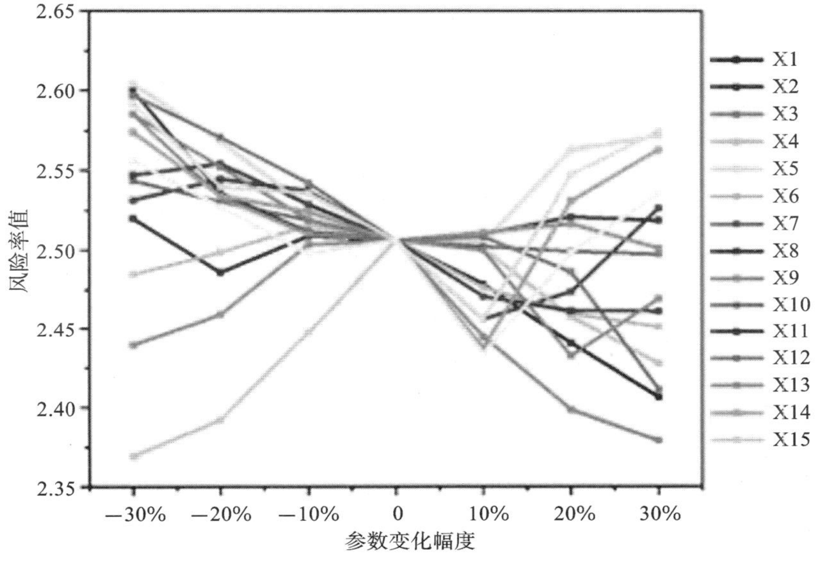

图 3-8 评价指标变化对综合评价值波动的影响(7号楼)

(2)图3-9显示,同一评价对象对各评价指标的敏感性并不完全相同,大部分评价指标值都在0.02~0.05区间内。比较敏感的指标为建筑结构形式(X10)、建筑重要程度(X12)、溶洞发育高度(X4)和隧道与溶洞相对位置(X3),说明这4个指标的变化对风险水平评价结果影响最大。

(3)如图3-10所示,10栋建筑物的敏感性指标存在显著差异。每个评价指标对不同建筑物的敏感性取决于盾构施工和邻近建筑物体系的整体情况。例如,1号楼对建筑物与隧道的相对位置(X8)、隧道与溶洞的相对位置(X3)、溶洞发育高度(X4)具有较高的安全风险敏感性。隧道与溶洞的相对位置(X3)、建筑物与溶洞的相对位置(X9)、建筑物与隧道的相对位置(X8)是2号楼的高敏感指标。3号楼对于地下水水位(X6)、覆跨比(X2)、建筑物与溶洞的相对位置(X9)较为敏感。因此,现场管理人员需要重点关注相关的因素,并根据建筑物的实际情况采取有效的控制措施。

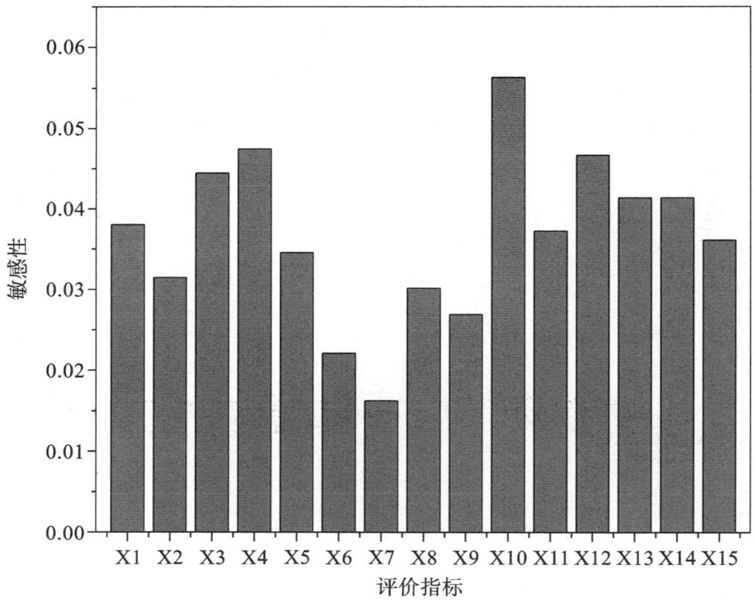

图 3-9　评价指标敏感性分析(7 号楼)

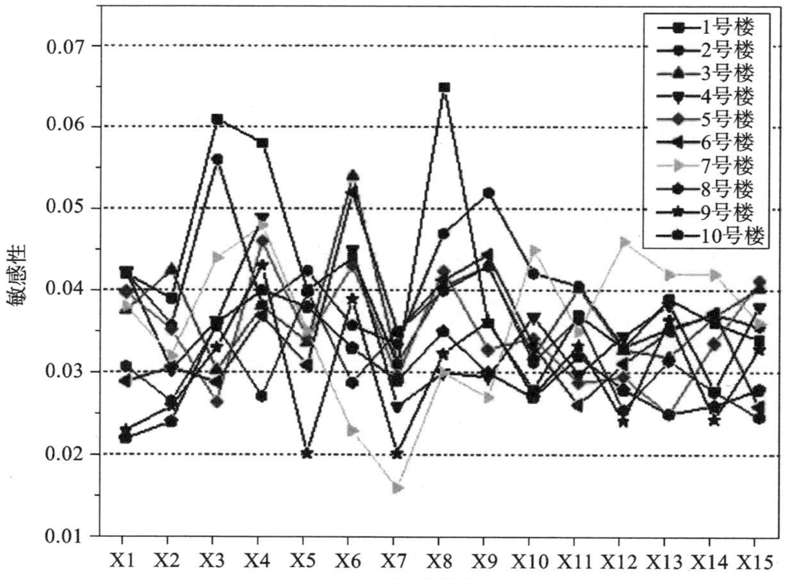

图 3-10　10 栋建筑物敏感性分析

3.5 改进可拓云风险评价结果对比分析

本书提出的最优云熵改进云法可以适应评价对象的不同情况来计算调整熵值，并考虑了两种传统熵值确定规则的特点，比标准扩展云理论的熵值确定方法具有一定的优势。以 7 号楼地质条件参数地下水水位（X6）为例，三种云熵计算方法对应的分层云图如图 3-11 所示。横坐标从左至右的 5 个标准等级对应极端风险、高风险、中等风险、低风险和安全 5 种状态。此外，为了更好地验证本书提出的改进的可拓云评价方法的适用性，这里选择模糊层次分析法和两种传统的可拓云方法对案例分析中的 10 栋建筑进行安全性评价。通过风险评估计算，上述三种方法得到的评价结果与改进的可拓云方法得到的评价结果如表 3-6 所示。对结果的分析如下。

（1）图 3-11 显示，与其他两种规则相比，用最优云熵规则建立的等级云在不同安全状态下的取值范围可以根据评价指标的对象进行调整。基于“3En”原则建立的邻近标准等级云之间的距离清晰，5 种风险等级映射的数值范围不交叉。基于“50％相关”原则建立的 i 级风险云的云熵最大，取对应的云熵。取值范围涵盖了所有区间，邻近层云的交集度完全相同，最优云熵规则计算的 5 个风险级别的云熵介于“3En”原则和“50％相关”原则计算之间。在得到的云熵中，重点根据指标观测数据的特点，调整不同邻近层云划分的模糊性和严谨性。

（2）提出的改进可拓云方法能够准确、可靠地评价岩溶地区盾构施工过程中邻近建筑物的安全性。在上述四种方法中，本书提出的方法得到的结果与其他三种方法的评价结果是一致的。在应用不同的方法进行安全风险评估时，由于现场决策管理者可能对安全风险的态度不一致，评价结果可能会出现一定的偏差。

（3）本书开发的基于最优云熵的扩展云风险评价方法，考虑了分类过程的严密性和模糊性，能更好地识别具体的风险等级边界，从而使最终的评价

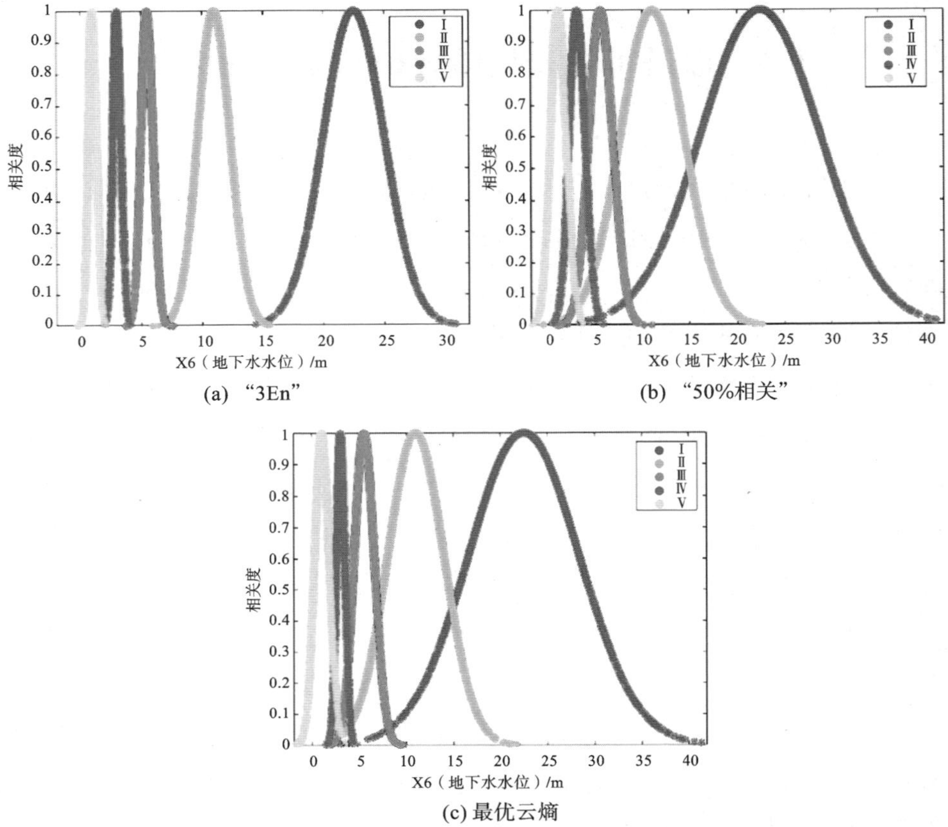

(a) “3En”

(b) “50%相关”

(c) 最优云熵

图 3-11　7 号楼 X6 指标的层次云模型

结果可靠、准确。将改进后的可拓云方法与其他三种风险评估方法进行比较。对于 4 号和 9 号楼，分别基于“3En”原则和“50%相关”原则的扩展云方法的评价结果出现偏差。对于 7 号楼，模糊层次分析法的评价结果存在偏倚。可拓云和模糊层次分析法都考虑了评价指标的模糊性，但模糊层次分析法中使用的隶属函数类型、边界和参数都是由专家确定的，过于主观，可能会影响最终的风险评价结果。基于“3En”原则的可拓云评价方法在分类上过于严格和清晰，基于“50%相关”原则的可拓云评价方法过于模糊。两种基于不同原则的可拓云评估方法在评估过程中存在局限性。

（4）总体而言，本书提出的改进的可拓云评价方法具有较高的适用性和可信度。云模型与可拓学的结合弥补了可拓学理论在考虑评价对象的随机性和模糊性方面的不足。一方面，该方法消除了计算过程所需的大量历史数据样本的局限性；另一方面，该方法不需要进行归一化处理，直接使用已有的原始数据，防止可能的信息缺失。该方法计算简单，只需要指标等级和原始数据就可以得到评价结果，说明其适用性强，值得在实际工程应用中推广。

表 3-6　不同方法评价结果的比较分析

建筑物	模糊层次分析法（评价级别）	可拓云		改进的可拓云（评估等级）
		基于“3En”原则（评价等级）	基于“50%相关”原则（评价级别）	
1 号楼	3	3	3	3
2 号楼	3	3	3	3
3 号楼	3	3	3	3
4 号楼	3	4	3	3
5 号楼	3	3	3	3
6 号楼	3	3	3	3
7 号楼	4	3	3	3
8 号楼	3	3	3	3
9 号楼	3	3	2	3
10 号楼	2	2	2	2

3.6　施工风险控制及效果

3.6.1　施工风险控制措施

盾构隧道岩溶处理方法一般以地面满铺钻孔注浆填充溶洞为主，在无地面施工条件的情况下可用灌注桩和旋喷桩隔离的措施来配合地面钻孔注浆处理。本工程对风险大的4栋建筑(2号楼、4号楼、7号楼、8号楼)事先进行地表溶洞注浆加固处理。

1. 岩溶处理方案

(1)确定处理范围。

岩溶横向处理范围应根据隧道距基岩面的距离通过破裂角理论经计算得出,因为塌陷影响范围取决于隧洞位置与岩面的距离和砂层塌陷角,通常在隧道结构外5 m范围,一般地铁隧道底板以下10 m的溶洞从地表进行注浆填充加固。

(2)地面满铺钻孔注浆处理措施。

根据勘探钻孔揭示的溶洞填充情况,在经过无填充和半填充溶洞填砂处理后,再对溶洞进一步进行钻孔注浆处理。溶区注浆孔间距按3 m×3 m采用梅花形布置。

2. 注浆施工及技术要求

(1)注浆参数。

根据注浆材料及地质条件,结合类似工程的施工经验及施工前做的试验结果,选用表3-7所示注浆参数,须在施工前进行现场及室内实验,必要时对各项参数进行修正。

表3-7 注浆参数列表

序号	注浆参数	内容
1	单液浆配比	水灰比=0.5~1(质量比)
2	水泥砂浆配比	水∶水泥∶砂=0.4∶1∶1(质量比)
3	注浆压力	0.2 ~ 2 MPa

(2)施工步骤。

①钻孔。土层中可采用各式适宜的钻机钻孔,岩体内采用旋挖钻造孔,

钻孔直径不小于89 mm;注浆采用孔内阻塞纯压式注浆法;注浆过程中根据现场情况布置观察孔;钻孔过程中应采取可靠的防斜措施,保证孔向准确,孔斜偏差值不得大于孔深的1%。

②下注浆管。根据详勘、补勘及洞体边界探查取得的洞体数据,在溶洞顶板以上的部位使用实管,在溶洞范围内使用花管,注浆管底部加下闷盖。对于全填充溶洞注浆管应深入溶洞顶0.5 m(根据溶洞大小确定),采用压力注浆。

③配制注浆浆液。根据溶洞面积及高度估算预配制浆液的体积,按水灰比计算出所需的水和水泥的用量,在搅拌机内加入计算好的水,边搅拌边加入计算好的水泥,搅拌均匀后倒入储浆池内备用。

④注浆。注浆施工须使用注浆自动记录仪进行记录。开环前先进行注水试验,以检查注浆管路是否正常、判断地层的吸浆能力等,并防止堵管。

(3)注浆结束标准。

在最大设计压力下,结合现场试验及岩溶专项勘察报告中描述的溶洞体积大小及注浆量、注浆压力,以邻孔返浆为注浆结束的标准。

3.效果检测

(1)检测方法。

对溶洞采用钻孔取芯为主、压水试验为辅的综合方法进行注浆质量检查。

(2)检测标准。

按1%孔数进行抽查,且不小于3点,每个溶洞均要检测一次。每个需质量检查的溶洞加固区根据溶洞发育规模,由监理工程师布置1~3个质量检查孔。

钻孔取芯后做抗压试验,注浆固结体28d的无侧限抗压强度应不小于0.2 MPa。

溶洞加固处理后质量检查孔压水试验透水率应不大于10 Lu,合格率应达85%以上,其余不合格孔段的透水率最大值应不超过15 Lu,且不集中。

质量检查孔压水结束后应按注浆封孔的要求进行压力注浆封孔。

图 3-12～图 3-14 为现场注浆施工。图 3-15～图 3-16 为取芯情况和开挖出的岩层及水泥浆固体，取得的芯样完整，注浆材料与围岩胶结紧密，抗压强度达到设计要求，表明溶洞填充情况较好，该钻孔注浆岩溶处理施工能够满足溶洞填充的要求。

图 3-12　钻孔设备

图 3-13　PVC 套管

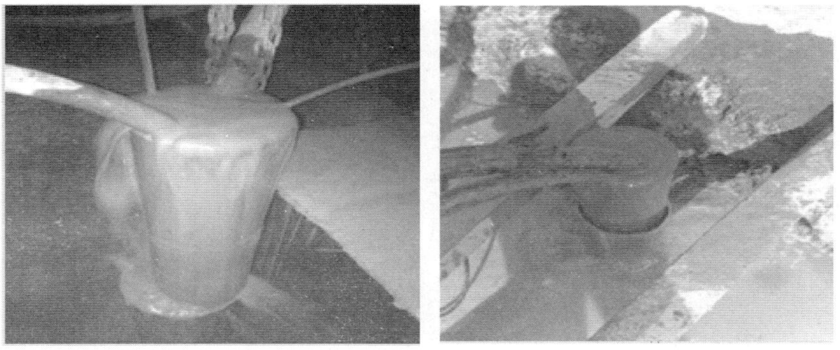

图 3-14　钢套管内返浆

钻孔注浆岩溶处理应采用合适的施工方法，包括选择合适的注浆材料、严格控制钻孔施工、确定合适的注浆工艺、达到注浆结束标准、进行注浆质量检查等，从而达到良好的处理效果，使工程进展顺利。

图 3-15　取芯情况

图 3-16　开挖出的岩层及水泥浆固体

3.6.2　施工控制效果

1. 地表监测

地表沉降监测点如图 3-17 所示。监测期内阶段变化量最大点为 DK40+780DBC-L，阶段变化量为－8.07 mm，累计变化量为－38.81 mm，变化速率为－0.67 mm/d，变化速率正常，累计变化量超控制。累计变化量最大点为 DK40+795DBC-L，阶段变化量－3.81 mm，累计变化量 41.89 mm，变化速率−0.32 mm/d，变化速率正常，累计变化量超控制。数据累计变化曲线如图 3-18 所示。

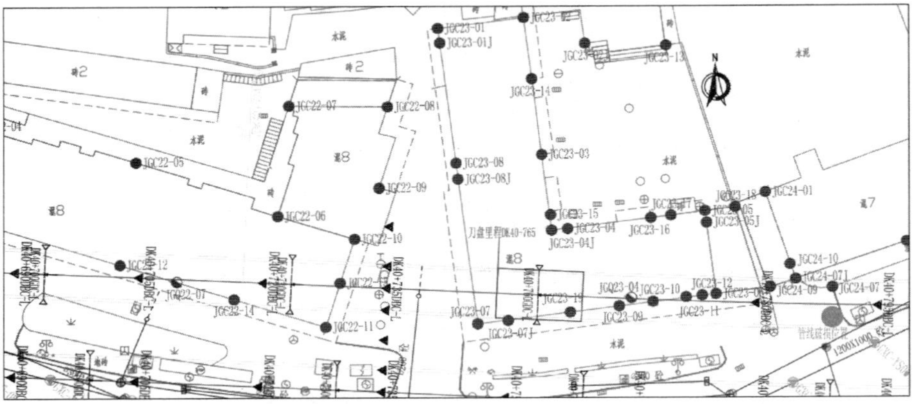

图 3-17　地表监测点平面图

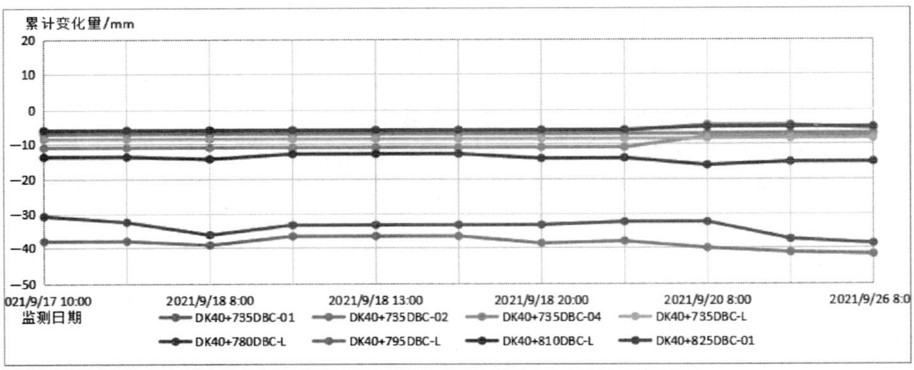

图 3-18　地表沉降监测数据累计变化曲线图

2. 建筑物倾斜监测

建筑物倾斜监测点如图 3-19 所示。监测期内阶段变化量最大点及累计变化量最大点均为 JGQ23-03，阶段变化量为 1.27‰，累计变化量为 1.46‰，变化速率为 0.1‰/d，变化速率正常，累计变化量正常。数据累计变化曲线如图 3-20 所示。

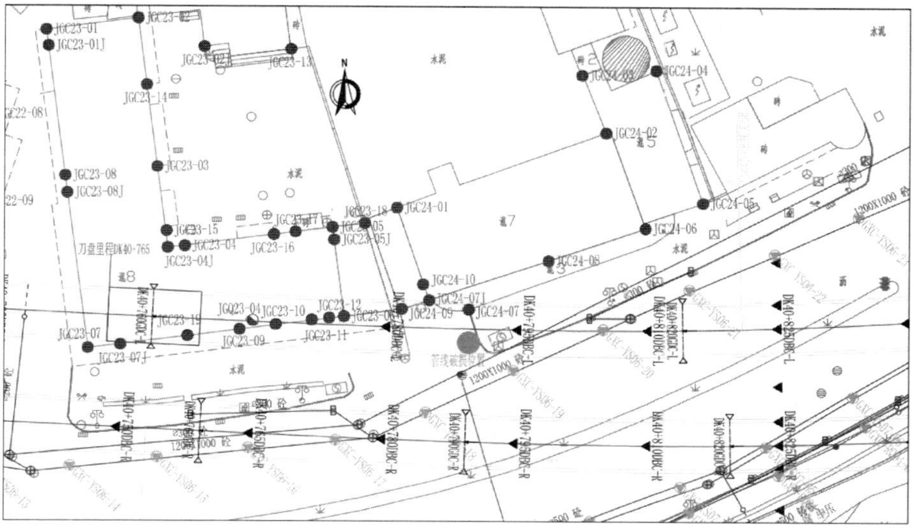

图 3-19　建筑物倾斜监测点平面图

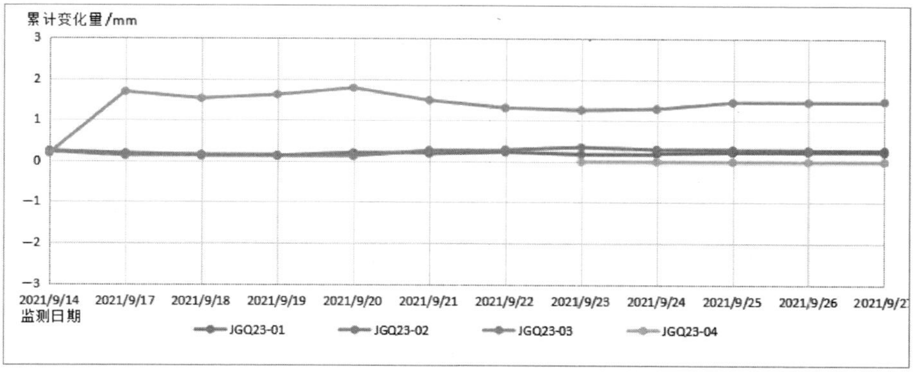

图 3-20　建筑物倾斜监测数据累计变化曲线图

3. 建筑物沉降监测

(1)8 号楼沉降监测。

8 号楼沉降监测点如图 3-21 所示。监测期内阶段变化量最大点为 JGC23-05J,阶段变化量为 2. 35 mm,累计变化量为 1. 13 mm,变化速率为 0. 34 mm/d,变化速率正常,累计变化量正常。累计变化量最大点为

JGC23-06，阶段变化量－0.75 mm，累计变化量为－24.02 mm，变化速率－0.11 mm/d，变化速率正常，累计变化量超控制。8 号楼沉降监测数据累计变化曲线如图 3-22 所示。

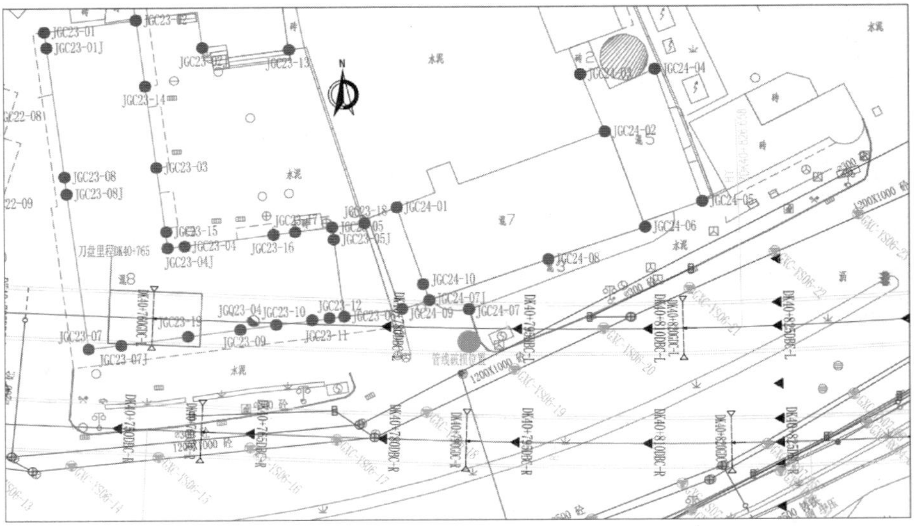

图 3-21　8 号楼沉降监测点平面图

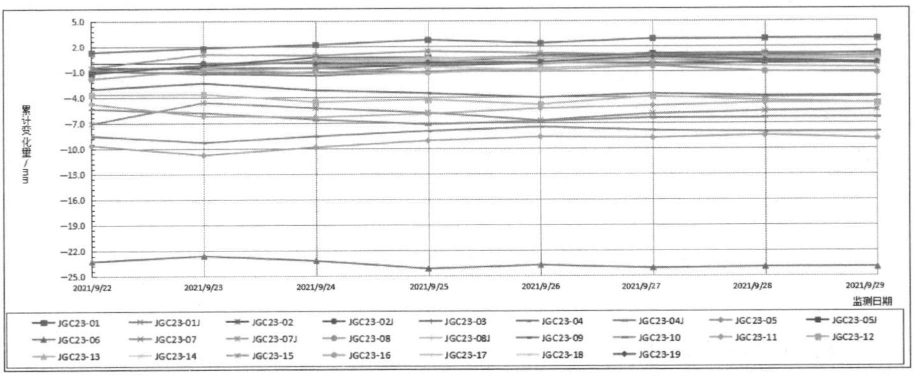

图 3-22　8 号楼沉降监测数据累计变化曲线图

（2）7 号楼沉降监测。

7 号楼沉降监测点如图 3-23 所示。监测期内阶段变化量最大点为 JGC24-09，阶段变化量为－1.41 mm，累计变化量为－10.56 mm，变化速率为−0.20 mm/d,变化速率正常,累计变化量超控制。累计变化量最大点为JGC24-07,阶段变化量−0.80 mm,累计变化量为−48.37 mm,变化速率−0.11 mm/d,变化速率正常,累计变化量超控制。7号楼沉降监测数据累计变化曲线如图3-24所示。

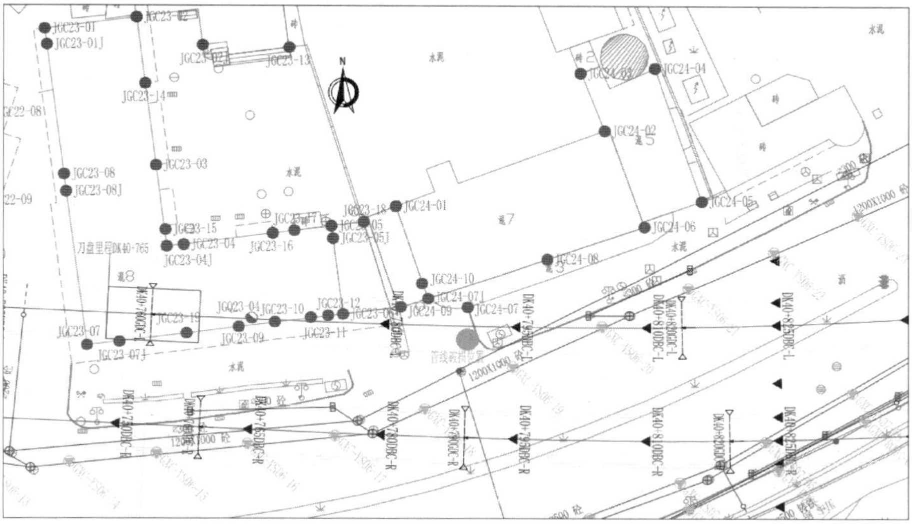

图 3-23　7号楼沉降监测点平面图

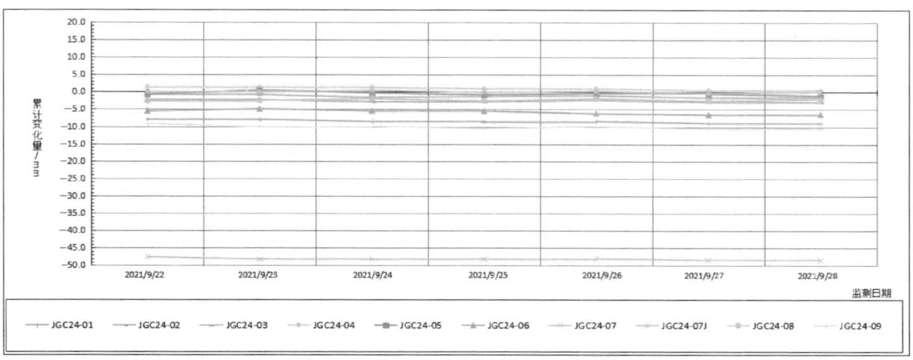

图 3-24　7号楼沉降监测数据累计变化曲线图

4. 建筑物裂缝监测

以 8 号楼为例，其裂缝监测示意图如图 3-25 所示，裂缝图如图 3-26 所示。监测期内阶段变化量、累计变化量最大点均为 LF23-03，阶段变化量为 0.46 mm，累计变化量为 0.46 mm，变化速率为 0.05 mm/d。8 号楼裂缝监测数据累计变化曲线如图 3-27 所示。

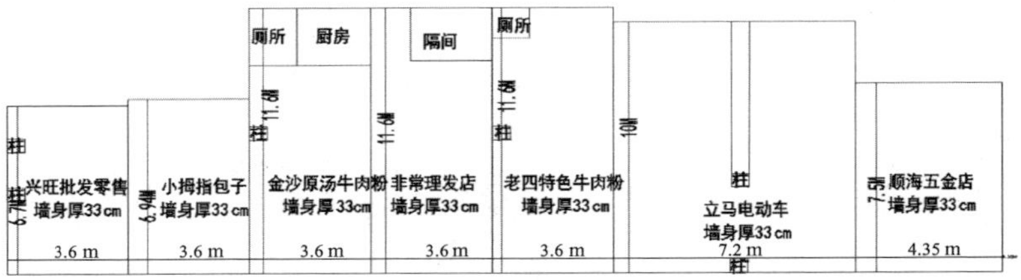

图 3-25　8 号楼裂缝监测示意图

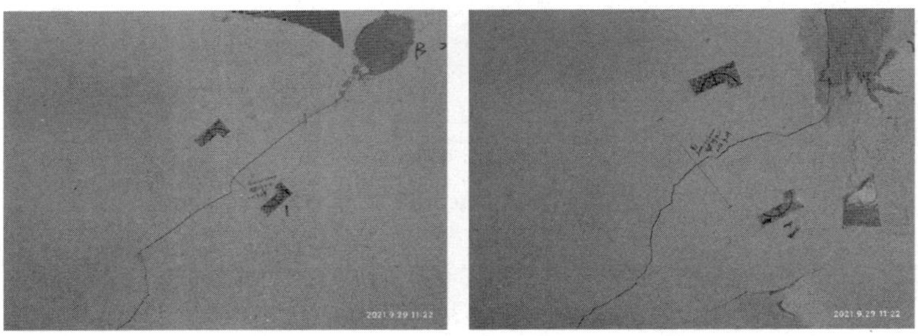

图 3-26　8 号楼裂缝图

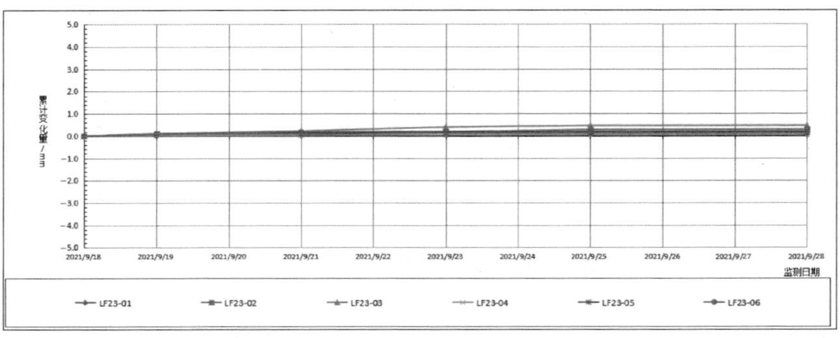

图 3-27　8 号楼裂缝监测数据累计变化曲线图

4 基于改进的云-贝叶斯网络的岩溶地区盾构施工邻近建筑物安全风险动态评价和管控

由于岩溶地区盾构施工对邻近建筑物安全影响大，为避免安全事故造成人员伤亡和财产损失，许多研究都将风险分析引入安全管理实践，例如采用故障树分析、事件树分析等方法对复杂工程的安全风险进行评估。而对盾构施工邻近建筑物的安全评估和诊断无法针对时间和空间变化动态进行，不利于人们对实时风险状态的动态认知和决策。要提高实际工程数据预测施工安全风险水平的准确性，就必须厘清施工过程中存在的各种不确定的系统环境的复杂性和风险因素之间的相互关系，因此有必要提出一种高效的安全分析方法，对相互作用的系统的影响状态进行建模，同时考虑到固有的不确定性和动力学因素。

贝叶斯网络(Bayesian network，BN)是一种强大的概率图形模型，用于图形化地表示一组变量之间的关系。在给定证据的情况下，它可以用来计算风险事件发生的概率。BN 由于具有较强的动态不确定性推理能力，被广泛应用于工程故障诊断和风险评估。Cardenas 等基于 BN 说明了软土中具有浆状挡墙的隧道工作面的不稳定性；Wang 等提出了一种基于 BN 的隧道开挖对既有建筑破坏的概率风险评估方法。然而，BN 可以处理随机性，但不能描述变量的模糊性。模糊集理论是处理模糊性的主要数学工具，为了更准确地评估，常与 BN 结合在一起使用。例如，Sakar 等将解释结构模型和模糊贝叶斯网络(fuzzy Bayesian network，FBN)相结合，分析货物液化对散货船倾覆的影响。Guo 等提出了一种改进的 FBN 模型，以更好地解决变量类型的不确定性，从而产生了更准确可靠的坦克事故预测结果。Zhang 等提出了一种基于多态 FBN 的钻沟隧道塌方失效概率评估方法，对塌方风险进行评估，提供风险控制。Song 等将 FBN 应用于“21 世纪海上丝绸之路”港口投资的最优决策。从以上研究可以看出，FBN 是概率风险分析研究的一个很好的工具。

然而，在经典的模糊集理论中，一旦确定了隶属函数，就意味着元素被确定为一个精确值，这显然与模糊集的概念相悖。在此基础上，Li 等提出了云模型的概念。作为对传统模糊集理论的改进，云模型可以实现定性概念与定量表达式之间的转换，并利用其解决模糊性的能力来补偿评价过程中的不确定性。Peng 等利用云模型方法处理不确定信息，改进了基于信息融合和信息度量的多准则群决策方法。Yan 等基于风险评估中人为因素的模糊性和随机性的云模型，建立了保护分析的云层，使风险评估更加准确。上述研究表明，云模型可以解决信息数据的模糊性问题。然而，传统的云模型在计算云熵方面存在一些问题，不能处理风险等级区间的模糊边界划分。因此，根据传统云熵计算得到的风险等级关联度可能会导致不同甚至相互矛盾的风险判断结论。因此，需要采用能适应评价对象的最优云熵计算方法来获取熵值，实现对传统云模型的改进，提高评价的可靠性。本书使用改进后的云模型计算评价指标的层次关联度，将归一化的关联度转化为先验概率，输入贝叶斯模型中进行推理，针对盾构施工风险管理的动态决策需求，提出了一种基于云-贝叶斯网络(cloud-bayesian network，CBN)模型的动态安全评价方法，同时考虑了模糊性和不确定性。

4.1 贝叶斯网络理论

BN 作为集因果分布和概率分布于一体的知识网络拓扑相关模型，可以使多元知识图可视化，从而更恰当地反映特定问题中复杂变量之间的因果关系和条件相关性。BN 由两部分组成：有向无环图和相关的联合概率分布。BN 由与方向边相连的节点的变量表示。每个节点代表一个变量，每个节点的状态对应着风险因素发生的概率。在某一方向边缘，变量之间存在关联。BN模型的联合概率分布主要指BN的条件概率表组,用来表示一个子节点与其父节点之间的依赖关系。

在BN中,假设从节点X到节点Y有且只有一条边,那么X称为Y的父节点,Y称为X的子节点。根节点没有父节点,叶节点没有子节点。BN中的子节点只与父节点相关,独立于其他节点。如果BN中有m个节点,则该网络的联合概率分布为式(4.1):

$$P(X_1, X_2, \cdots, X_m) = \prod_{i=1}^{m} (X_i \mid X_{pa(i)}) \tag{4.1}$$

式中,$X_{pa(i)}$是节点X_i的"原因"。

根据独立条件的前提,边际概率为式(4.2):

$$P(Y) = \sum_i P(X = x_i) \times P(Y = y_i \mid X = x_i) \tag{4.2}$$

因此,贝叶斯公式可以表示为式(4.3):

$$P(X = x_i \mid Y = y_i) = \frac{P(Y = y_i \mid X = x_i)}{P(Y = y_i)} \tag{4.3}$$

4.2 基于云-贝叶斯网络的岩溶地区盾构施工邻近建筑物安全风险评价模型建立

4.2.1 评价框架构建

1.评价指标体系

岩溶地区盾构施工引起的安全风险受多种因素影响。本书基于广泛的工程实践、模拟分析,以及相关研究和规范,构建了基于隧道参数、地质条件参数、建筑参数和盾构力学参数四类影响因素的评价指标体系。

(1)隧道参数。

隧道埋深(X1)、覆跨比(X2)等隧道参数是轨道交通盾构施工中影响周围土体和建筑物的最重要因素，即使其变化幅度较小，也会影响地表沉降和建筑物基础。同时，隧道与溶洞相对位置（X3）也会影响建筑物的安全。溶洞的存在会导致围岩应力分布不均匀的现象发生，而这种现象通常是不规则的。溶洞和隧道的相对位置会发生变化，相应的影响也会随之变化。例如，洞穴离隧道越近，影响越大。围岩应力分布不均匀，不仅会威胁盾构隧道施工安全，造成隧道坍塌，还会导致上覆土体受力不均匀，影响地表沉降，危及建筑物安全。

（2）地质条件参数。

承载建筑物荷载的外部土体也受到盾构机开挖的影响，并且作为两者相互作用的中间介质，是导致盾构施工沿线邻近建筑物变形的关键因素之一。在岩溶地区盾构机施工中，岩溶的发育程度，如溶洞发育高度（X4）、溶洞填充情况（X5）等，也会对建筑安全产生重要影响。同时，地下水水位（X6）、土体的无侧限抗压强度（X7）等水文地质参数也是影响建筑物沉降的重要因素。

（3）建筑参素。

建筑物承受外部荷载，能保持原有形态而不受破坏，这与以下参素密切相关。如建筑物与隧道的相对位置（X8）与建筑物的沉降密切相关，距离越近，风险越大，应给予足够重视。建筑物与溶洞的相对位置（X9）与建筑物的沉降也密切相关，距离越近，造成的沉降就越大。除此之外，建筑自身条件，比如建筑结构（包括结构形式、基本形式、使用寿命等）（X10），以及建筑完好现状（X11），也决定了其安全受到外界干扰的程度。

（4）盾构力学参数。

在岩溶地区隧道的盾构施工过程中，需要考虑盾构施工参数的设置是否合理。推进力（X12）、刀盘扭矩（X13）、刀盘转速（X14）、土仓压力（X15）是盾构掘进的重要施工参数，其合理设置是保证盾构掘进顺利完成和邻近建筑物安全的关键。

2. 评价标准

为了更好地评价岩溶地区盾构施工中邻近建筑物的安全性，需要对各项指标的风险等级进行分类。本书在大量工程实践和相关规范及文献的基础上，参考国内外相关分类标准，将风险等级划分为Ⅰ（非常安全）、Ⅱ（安全）、Ⅲ（基本安全）、Ⅳ（危险）、Ⅴ（非常危险）。等级越高，说明岩溶地区盾构施工对周边建筑物的影响越大，建筑物的危险性也就越高，表 4-1 为岩溶地区盾构施工邻近建筑物安全评价指标体系及评价标准。表 4-2 为岩溶地区盾构施工邻近建筑物风险等级分类标准及相应的施工技术管控措施。

表 4-1　岩溶地区盾构施工邻近建筑物安全评价指标体系及评价标准

变量	指标	描述		风险等级				
				Ⅰ	Ⅱ	Ⅲ	Ⅳ	Ⅴ
隧道参数(B1)	X1	隧道埋深/m		[20,40]	[14,20)	[10,14)	[5,10)	[0,5)
	X2	覆跨比		[3,5]	[2,3)	[1,2)	[0.5,1)	[0,0.5)
	X3	隧道与溶洞的相对位置/m	侧方	[24,30]	[18,24)	[12,18)	[6,12)	[0,6)
			上方	[20,30]	[15,20)	[10,15)	[5,10)	[0,5)
			下方	[20,30]	[13,20)	[7,13)	[3,7)	[0,3)
地质参数(B2)	X4	溶洞发育高度/m		[0,0.50)	[0.5,1)	[1,2)	[2,4)	[4,8]
	X5	溶洞填充情况/(%)		[85,100]	[70,85)	[50,70)	[30,50)	[0,30)
	X6	地下水水位/m		[15,30]	[7,15)	[4,7)	[2,4)	[0,2)
	X7	土体的无侧限抗压强度/MPa		[75,100]	[50,75)	[25,50)	[5,25)	[0,5)
建筑参数(B3)	X8	建筑物与隧道的相对位置/m		[30,40]	[20,30)	[10,20)	[5,10)	[0,5)
	X9	建筑物与溶洞的相对位置/m		[26,35]	[18,26)	[10,18)	[4,10)	[0,4)
	X10	建筑结构/分		[80,100]	[60,80)	[40,60)	[20,40)	[0,20)
	X11	建筑完好现状/分		[80,100]	[60,80)	[40,60)	[20,40)	[0,20)
盾构力学参数(B4)	X12	推进力/(10^3 kN)		[5,10)	[10,15)	[15,18)	[18,21)	[21,24)
	X13	刀盘扭矩/(10^3 kN·m)		[0.4,1)	[1,2)	[2,3)	[3,3.5)	[3.5,4)
	X14	刀盘转速/(r/min)		[0.2,1)	[1,1.8)	[1.8,2.6)	[2.6,3.3)	[3.3,4)
	X15	土仓压力/bar		[0.2,0.9)	[0.9,1.6)	[1.6,2.2)	[2.2,2.6)	[2.6,3)

表 4-2　岩溶地区盾构施工邻近建筑物风险等级分类标准及相应的施工技术管控措施

风险等级	描述	管控措施
Ⅰ	非常安全	风险可忽略
Ⅱ	安全	风险小，可承受，无须提前采取措施；定期进行日常检查并根据施工现场检查结果决定是否加固
Ⅲ	基本安全	风险较高，中等可承受；须采取事故预防措施，加强日常检查监测
Ⅳ	危险	风险非常高，接近不可承受；须进行岩溶治理，制定风险处置措施
Ⅴ	非常危险	风险不可承受；须进行岩溶治理，实施建筑物的预防性加固，准备好风险预警和应急预案

4.2.2　贝叶斯网络模型构建

拓扑结构和概率参数共同构成 BN，因此 BN 模型的构建主要包括拓扑结构设计和参数设计两部分，具体做法如下。

(1)动态评价指标体系构建与等级标准划分。

对岩溶地区轨道交通盾构施工邻近建筑物安全风险进行灾害演变机理分析，得出直接与之相关的各项风险致险因子，以此为基础构建邻近建筑物安全动态评价指标体系，并对体系等级标准进行划分。

(2)风险节点的定义与离散。

根据邻近建筑物安全动态评价指标体系涉及的因素与结果事件定义 BN 的节点，并基于指标体系等级划分，将三层节点均离散为五种状态(非常安全、安全、基本安全、危险、非常危险)。

(3)拓扑结构设计。

BN 的拓扑结构由节点和连接这些节点的有向边构成，节点一般用来表示风险因素或者风险事件，有向边揭示了节点之间的因果关系或者相互作用。定义好节点后，就可以根据节点之间的依赖关系连接节点，从而形成网络结构。在盾构施工领域，专家知识的利用和故障树转化是创建BN结构的有效方法。

(4)参数设计。

参数设计即对节点变量之间的条件概率进行合理的设计，以描述节点之间的连接关系。本书在专家知识和大量工程实践经验的基础上，对所构建的盾构施工邻近建筑物安全动态评价的BN进行条件概率表的设计。

4.2.3 基于改进云模型的贝叶斯网络先验概率确定

构建BN时，所开发的节点状态一般为离散随机变量，否则会在使用上存在限制，从而造成模型的精度下降，推理结果出现偏差。然而数据通常是以连续值的形式出现的，因此，使用BN前，首先要对连续数据进行离散化处理。在CBN中，应用云模型的前向云算法对连续型的节点数据进行离散化处理，并将其转换为使用BN的先验概率。

1.基于改进云模型的评价指标云数字特征计算

根据动态评价体系指标等级划分标准，各个评价指标在每个等级下具有一个区间值$[C_{\min}(k), C_{\max}(k)]$，基于此，可通过云数字特征计算方法获取各指标不同等级的云数字特征期望值Ex、熵值En、超熵值He，其中Ex、En的计算由式(4.4)和式(4.5)所得，$\mathrm{He}=s$，s为常数0.002。

$$\mathrm{Ex}_{ij}(k)=\frac{C_{\min}(k)+C_{\max}(k)}{2} \tag{4.4}$$

$$\mathrm{En}=\sqrt{\frac{\pi}{2}}\frac{\sum_{i=1}^{n}|x_i-\mathrm{Ex}|^2}{n} \tag{4.5}$$

2. 隶属度—先验概率转换

获取指标 D_{ij} 的实测数据 x_{ij}，根据指标 D_{ij} 对不同等级的云数字特征值，可求 x_{ij} 相对于各风险等级的诊断云模型的确定度，计算公式见式(4.6)：

$$\mu_{ij}(k)=\mathrm{e}^{\frac{-[x_{ij}-\mathrm{Ex}_{ij}(k)]^2}{2[\mathrm{En}_{ij}'(k)]^2}} \quad k=\mathrm{I},\mathrm{II},\cdots,\mathrm{V} \tag{4.6}$$

式中，$\mathrm{En}_{ij}'(k)$ 为熵值，$\mathrm{Ex}_{ij}(k)$ 为期望，$\mu_{ij}(k)$ 为标准差所产生的一个正态随机数。通过云模型将风险的不确定性量化为相应的隶属度，然而 BN 模型的输入是满足和为 1 的概率分布值，因此需要将确定度转换为相应的先验概率，转换公式见式(4.7)：

$$P_i(u)=\frac{\mu_i(u)^{1/\alpha}}{\sum_{i=1}^{n}\mu_i(u)^{1/\alpha}} \tag{4.7}$$

式中，α 表示一致性参数，在(0,1]内取值，其取值越大，表明确定度与概率转换保持的一致性越高，这里使用 $\alpha=1$ 以达到最大的一致性。

4.2.4 改进的云-贝叶斯网络模型分析

改进的云-贝叶斯网络模型的安全风险动态评价管理的关键是动态、连续地考虑特定风险事件的形成和发展，通过正向预测推理、敏感性分析和反向诊断推理，将风险因素与特定风险事件在事件发生的前、中、后三个阶段的相互作用和制约关系进行动态显示和分析，便于对风险进行有效、及时的预防决策。

1. 提前积极预测推理

先验安全风险推理是一个 BN 的正向推理函数的应用。将先验知识输入 BN 中，通过联合概率分布的概率传递的方式获得邻近建筑物的最终安全状态。为了充分考虑风险评估概率的不确定性，本书将节点的实际数据在 CBN 中进行迭代推理。通过概率聚合得到各风险等级的概率分布结果，消除实际数据在计算隶属度时的随机性对最终系统风险评估值的影响。假设将风险等级划分为 n 个状态，表示为 $F_i=\{F_1,F_2,\cdots,F_n\}$，通过云-贝叶斯推理得到建筑安全风险所属状态的 F_n 概率为 $R_j=\{R_j(F_1),R_j(F_2),\cdots,R_j(F_n)\}$。经过 k 次推理迭代，得到 k 次风险度量结果 $\{R_1,R_2,\cdots,R_k\}$，那么，属于风险状态的聚合概率 F_n 的计算见式(4.8)：

$$R(F_n)=\frac{\sum_{j=1}^{k}R_j(F_n)}{\sum_{i=1}^{n}\sum_{j=1}^{k}R_j(F_n)}\quad i=1,2,\cdots,n;j=1,2,\cdots,k \tag{4.8}$$

式中，$R(F_n)$ 满足 $\sum_{j=1}^{n}R_j(F_n)=1$。

2. 事件中敏感因素分析

敏感性分析可以确定输入参数的微小变化对输出参数的影响，揭示参数之间的相互作用，识别和分析对目标事件产生重要影响的因素。本书利用邻近建筑物安全风险的 CBN 构建动态评估模型，利用局部灵敏度来衡量风险因素对风险事件的影响。然后，识别出关键风险因素。由于 CBN 模型中风险事件结果的输出是以概率分布的形式表示的，因此需要将事件结果的概率分布转化为准确的决策值，即去模糊化。常用的去模糊化方法是中心分布，如式(4.9)所示。

$$T=0.5\times\frac{\varphi(A_j)-1}{\varphi(A_j)+1}+j$$

$$\varphi(A_j)=\frac{\sum_{i=j}^{n}p(A_i)}{\sum_{i=1}^{j}p(A_i)} \tag{4.9}$$

式中，T 为概率分布中解模糊化的值；$A_1,A_2,\cdots,A_n$ 代表建筑物的不同安全级别；j 指一组概率分布中概率值的最高级别；$p(A_i)$ 为第 i 级的概率值。

本书采用 Pearson 相关系数分析各影响因素与邻近建筑安全之间的线性相关关系。Pearson 相关系数是在两个变量之间的均值差积和均值差平方和的基础上计算出来的，因此也被称为积差相关系数。Pearson 整体相关系数的计算公式表示为式(4.10)。

$$p=\frac{\mathrm{cov}(X,T)}{\sigma_X\sigma_T}=\frac{E(X-\mu_X)(T-\mu_T)}{\sigma_X\sigma_T} \tag{4.10}$$

式中，$\mathrm{cov}(X,T)$是变量 X 和变量 T 的协方差；μ_X 和 μ_T 分别是变量 X 和变量 T 的平均值；σ_X 和 σ_T 分别是变量 X 和变量 T 的偏差；相关系数 p 的值在[−1,1]区间内，两个变量之间的线性关系越强，p 的值越接近 1 或 −1；当 $p>0$ 时，表示两个变量正相关；当 $p<0$ 时，表示两个变量负相关；当 $p=0$ 时，表示两个变量不是线性相关，而是可能以其他方式相关。

3. 事后逆向诊断推理

逆向诊断推理是 BN 模型的一个特殊优势。假设风险事件发生，通过逆向推理得到该场景中每个节点的后验概率分布，然后可以快速诊断造成事故的原因。利用式(4.11)计算风险因素的后验概率。

$$P(X_i=x_i\mid T=t)=\frac{P(X_i=x_i)\times P(T=t\mid X_i=x_i)}{P(T=t)}\quad i=1,2,\cdots,n \tag{4.11}$$

式中，$P(X_i=x_i\mid T=t)$ 越高，其值越接近 1，说明 X_i 是最有可能造成事故的原因。这样，可以及时识别最可能的事故原因组合，便于现场人员调查事故的风险因素，采取措施降低事故的严重程度，有效控制风险。

4.3 案例研究

4.3.1 工程背景

本章继续以贵阳市轨道交通 3 号线四方河路站至皂角井站段为研究案例。四皂隧道段内有钻孔 67 个，其中直径大于 1 m 的钻孔有 14 个。钻孔探测率为 21.5%，其中 2 个钻孔填充率相对较高。区间站位地下水以潜水为主，可分为第四系疏松岩孔隙水和岩溶水。在场地详细勘察时，场区地下水位深度为 1.0～12.5 m，对应高程为 1067.96～1187.32 m。水位有一定的波动，确定为岩溶裂隙发育不均匀，白云岩部分隔水、部分含水形成的复杂水文地质条件所致。由于受地质条件、河流及周边建筑环境的影响，盾构施工存在“打头”风险高、沉降风险高、磨损风险高、既有线路施工风险高、地表沉降控制风险高、涌水风险高等高危风险。

根据四皂段水平和纵断面设计文件、周边建筑保护图纸及一段工程施工勘察资料可知，该段主要分布有 16 栋建筑。工程平面位置和周边部分建筑物图如图 3-5 所示。这里选取其中 8 栋建筑进行研究，收集调查数据，分析各指标表征的数据信息，评估其安全状态。

4.3.2 贝叶斯网络建设及数据准备

1. 贝叶斯网络建设与数据准备

本书根据表 4-1 所示的岩溶地区盾构施工邻近建筑物安全评价指标体系，将建筑物安全定义为叶节点 T；将隧道参数(B1)、地质参数(B2)、建筑参数(B3)和盾构力学参数(B4)定义为中间节点；将这 4 类参数下的各指标(X1～X15)定义为根节点，另外，利用专家经验知识确定各节点之间的依赖关系，建立岩溶地区盾构施工邻近建筑物安全风险的 BN 拓扑关系，如图 4-1所示。

根据岩溶地区盾构施工邻近建筑物安全动态评价指标体系的分类结果，将 BN 各节点的状态划分为Ⅰ(非常安全)、Ⅱ(安全)、Ⅲ(基本安全)、Ⅳ(危险)、Ⅴ(非常危险)5 个对应状态，基于相关领域专家的工程安全知识，建立父节点和子节点相关联的条件概率表。以叶节点 T 为例，其部分条件概率如表 4-3 所示。

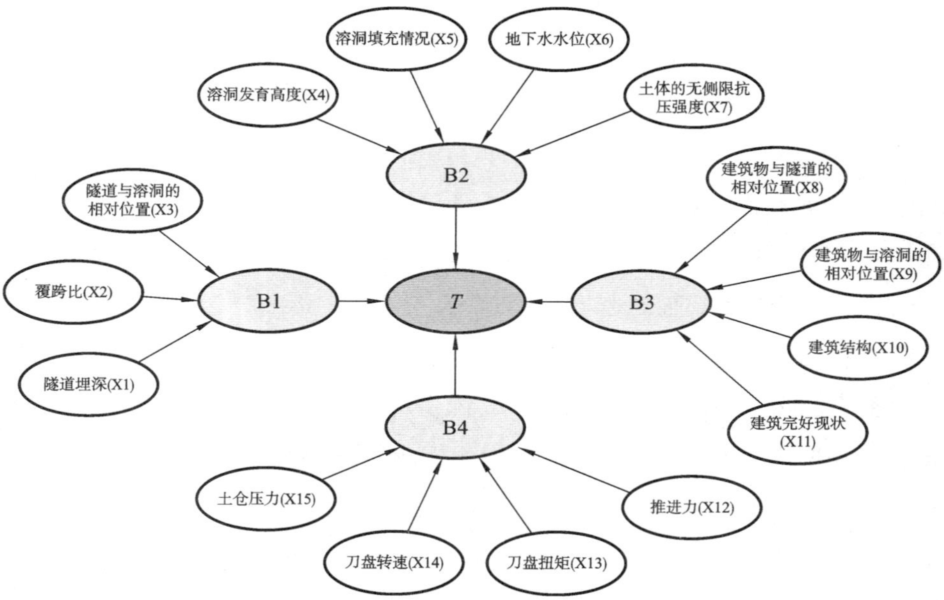

图 4-1　岩溶地区盾构施工邻近建筑物安全风险的 BN 拓扑图

表 4-3　叶节点 T 的条件概率

B1	B2	B3	B4	$P(T=t\|B1,B2,B3,B4),t=1,2,3,4,5$				
				$T=1$	$T=2$	$T=3$	$T=4$	$T=5$
1	1	1	1	1	0	0	0	0
1	1	1	2	0.5	0.5	0	0	0
1	1	1	3	0.2	0.3	0.5	0	0
1	1	1	4	0.1	0.1	0.2	0.6	0
1	1	1	5	0.1	0.1	0.2	0.3	0.3
…	…	…	…	…	…	…	…	…
5	5	5	1	0	0	0.1	0.4	0.5
5	5	5	2	0	0	0.1	0.2	0.7
5	5	5	3	0	0	0	0.2	0.8
5	5	5	4	0	0	0	0.1	0.9
5	5	5	5	0	0	0	0	1

2. 先验概率确定

定量指标数据通过实际工程监测和调查获得，定性指标值采用专家评分法获得，评分范围为 0～100 分。案例中 8 栋建筑实际评价指标值（X_1～X_{15}）如表 4-4 所示。

表 4-4　8 栋建筑实际评价指标值

指标值		1 号楼	2 号楼	3 号楼	4 号楼	5 号楼	6 号楼	7 号楼	8 号楼
X_1	隧道埋深/m	14	11	15	22	18	21	22	22
X_2	覆跨比	16	1.8	2.4	3.8	2.9	3.39	3.55	3.55
X_3	隧道与溶洞的相对位置/m	5.2	9.3	4.9	14.6	4.1	19.4	9.4	8.3
X_4	溶洞发育高度/m	2.3	3.5	1.1	0.7	2.7	4.5	2.9	4.4
X_5	溶洞填充情况/(%)	61	36	73	88	82	89	88	77
X_6	地下水水位/m	5.8	3.25	8.63	15.13	3.87	8.61	3.25	4.82
X_7	土体的无侧限抗压强度/MPa	50	44	76	78	61	62	60	58
X_8	建筑物与隧道的相对位置/m	8.37	7.26	18.36	18.36	16	20.14	11.98	8.24
X_9	建筑物与溶洞的相对位置/m	25.6	4.91	15.34	27.85	3.25	13.77	11.67	9.74
X_{10}	建筑结构/分	65	68	78	84	71	75	69	72
X_{11}	建筑完好现状/分	60	42	69	87	64	78	61	85
X_{12}	推进力/(10^3 kN)	10.4	12.4	16.67	7.8	10.6	11.6	14.6	12.9
X_{13}	刀盘扭矩/(10^3 kN·m)	2.83	3.08	2.39	1.44	2.22	2.07	2.82	2.26
X_{14}	刀盘转速/(r/min)	2.6	1.9	2.1	1.63	2.0	2.8	2.0	2.1
X_{15}	土仓压力/bar	1.3	1.4	1.2	0.8	1.7	1.4	1.6	0.8

将表 4-4 中 8 栋建筑的指标观测数据代入改进云模型，根据上述公式得到改进云模型的数字特征值。以 2 号楼为例进行计算，其安全影响因素的风险等级云模型的数字特征值如表 4-5 所示。

表 4-5　2 号楼安全影响因素的风险等级云模型的数字特征值

指标值	Ⅰ			Ⅱ			Ⅲ			Ⅳ			Ⅴ		
	Ex	En	He	Ex	En	He	Ex	En	He	Ex	En	He	Ex	En	He
X_1	30	6.535	0.005	17	1.365	0.005	12	1.617	0.005	7.5	2.071	0.005	2.5	2.102	0.005
X_2	4	0.633	0.005	2.5	0.275	0.005	1.5	0.405	0.005	0.75	0.212	0.005	0.25	0.212	0.005
X_3	25	4.136	0.005	16.5	2.866	0.005	10	2.276	0.005	5	0.941	0.005	1.5	1.107	0.005
X_4	0.25	0.212	0.005	0.75	0.212	0.005	1.5	0.397	0.005	3	0.447	0.005	6	1.456	0.005
X_5	92.5	5.187	0.005	77.5	3.756	0.005	60	7.737	0.005	40	8.268	0.005	15	12.44	0.005
X_6	22.5	5.914	0.005	11	2.967	0.005	5.5	0.943	0.005	3	0.571	0.005	1	0.807	0.005
X_7	87.5	9.606	0.005	62.5	5.507	0.005	37.5	9.377	0.005	15	8.305	0.005	2.5	2.123	0.005
X_8	35	4.112	0.005	25	3.716	0.005	15	2.219	0.005	7.5	2.042	0.005	2.5	2.094	0.005
X_9	30.5	3.777	0.005	22	3.328	0.005	14	3.189	0.005	7	1.994	0.005	2	1.01	0.005
X_{10}	90	7.520	0.005	70	4.397	0.005	50	7.673	0.005	30	8.257	0.005	10	8.387	0.005
X_{11}	90	7.932	0.005	70	5.010	0.005	50	6.915	0.005	30	8.153	0.005	10	8.357	0.005
X_{12}	7.5	1.657	0.005	12.5	1.350	0.005	16.5	1.240	0.005	19.5	1.270	0.005	22.5	1.270	0.005
X_{13}	0.7	0.255	0.005	1.5	0.352	0.005	2.5	0.243	0.005	3.25	0.212	0.005	3.75	0.212	0.005
X_{14}	0.6	0.332	0.005	1.4	0.286	0.005	2.5	0.243	0.005	2.95	0.284	0.005	3.65	0.296	0.005
X_{15}	0.55	0.290	0.005	1.25	0.238	0.005	1.9	0.153	0.005	2.4	0.169	0.005	2.8	0.170	0.005

本书以三个指标 X3、X9 和 X12 为例，分别基于计算得到的特征值构建相应的改进云模型。图 4-2 展示了这三个改进云模型中不同指标的 5 个安全风险等级状态。其中，从Ⅰ级到Ⅴ级表示岩溶地区隧道盾构施工影响邻近建筑物变形安全的风险等级。风险等级越高，对建筑物安全的影响越大。具体来说，X3 和 X9 的值越小，其影响力越大；X12 的值越小，其影响力越小，反之亦然。此外，在表示各指标离散状态的过程中，由最优云熵规则生成的一系列云模型在处理边界不确定性方面存在差异，可以根据指标本身的特征自适应计算和调整，如 X3 和 X9 侧重于排序的模糊性，而 X12 侧重于排序的清晰度。

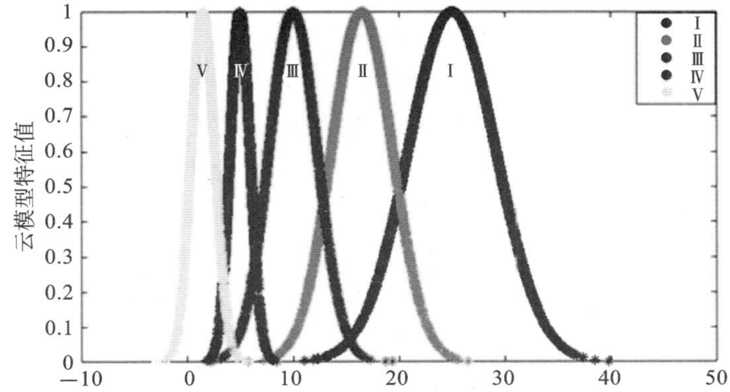

(a) 隧道与溶洞的相对位置（X3）/m

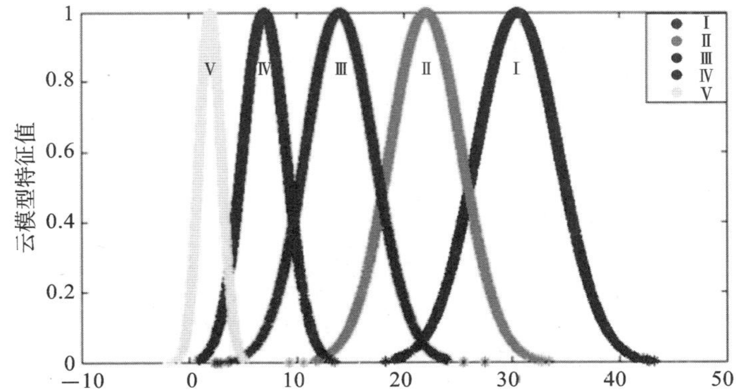

(b) 建筑物与溶洞的相对位置（X9）/m

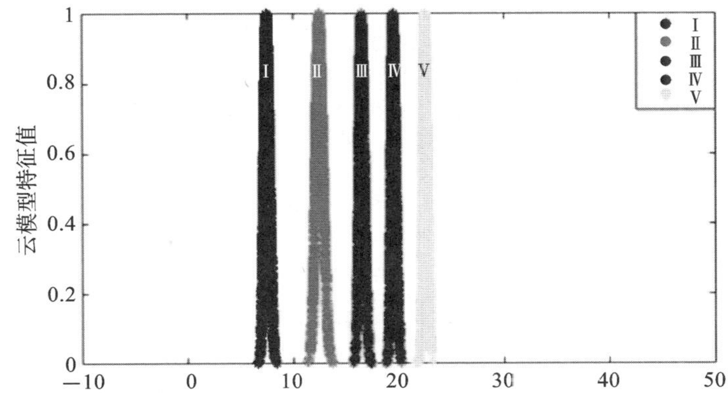

© 推进力（X12）/（10^3kN）

图 4-2　2 号楼的指标 X3、X9 和 X12 的云模型特征值

可以先计算不同建筑评价指标对各风险等级的隶属度，然后将确定性转化为 BN 中的先验概率，输入构建的 BN 模型中进行概率推理预测。图 4-3给出了由云模型得到的 2 号楼各指标在 5 个安全等级下的先验概率，各指标的最终安全等级由最大概率分布的等级决定。

如图 4-3 所示，X3 和 X9 的最大先验概率均处于Ⅴ级。这两个指标对 2 号楼安全风险等级的影响最大，对盾构施工造成的风险最大。X4 和 X6 的最大先验概率影响率均为Ⅳ级。这两个指标对 2 号楼安全风险等级影响较大，盾构施工时相对危险。X8 和 X14 的最大先验概率在Ⅲ级，其他指标的最大先验概率在Ⅱ级，盾构施工时相对安全。

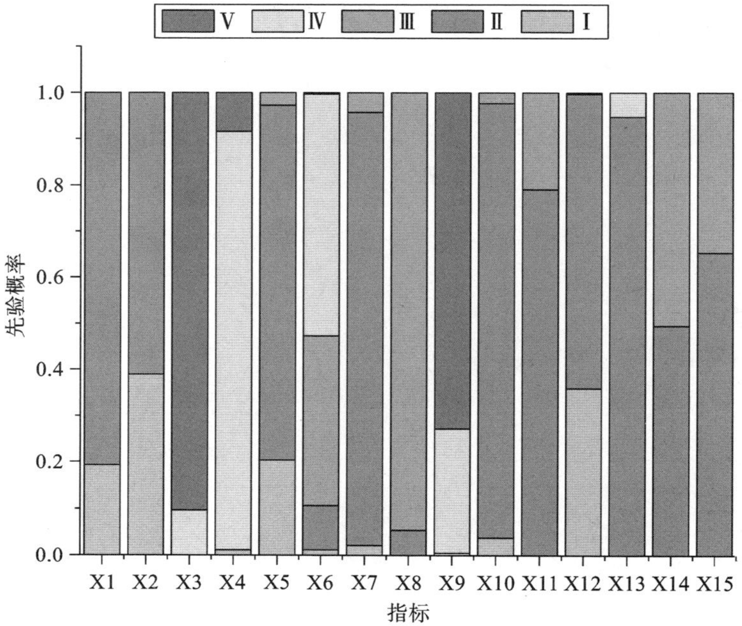

图 4-3　2 号楼各指标在 5 个风险等级下的先验概率

4.3.3　云-贝叶斯网络应用及结果分析

1. 风险推理

利用改进的云模型对各指标数据进行离散化，得到其属于不同状态的值，并将各指标在离散状态下的隶属关系转化为根节点的先验概率输入BN进行推理。考虑到云模型在获取确定性程度上具有随机性，采用蒙特卡洛法模拟生成随机数，识别表征属于不同风险状态的数据的不确定性概率值。将从模拟中获得的1000组先验概率输入BN的整个数据集进行迭代计算。图4-4显示了5种安全风险状态下8栋建筑物在1000次迭代中的安全风险状态概率分布。对1000次迭代的结果进行概率综合，得到各建筑物在不同安全风险状态下的组合概率，如表4-6所示，节点 T 所属的状态为最大概率所在的风险级别。

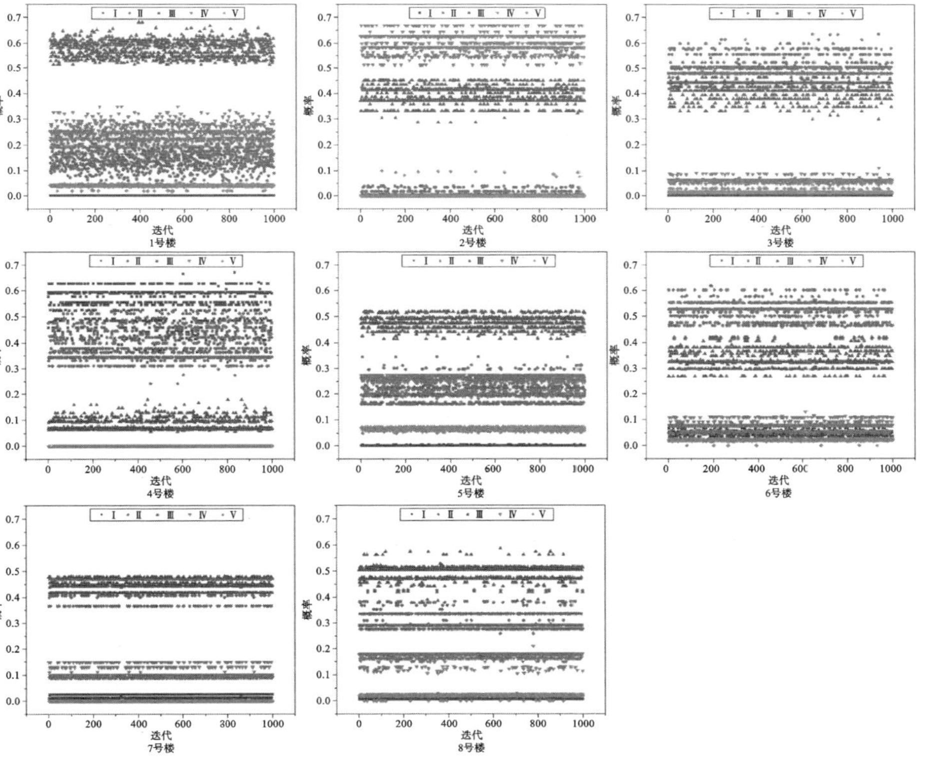

图4-4　8栋建筑物在1000次迭代中的安全风险状态概率分布

表 4-6　8 栋建筑物安全风险状态聚集概率分布

建筑物	安全风险级别(T)				
	Ⅰ	Ⅱ	Ⅲ	Ⅳ	Ⅴ
1 号楼	0	0.1479	0.6547	0.1566	0.0407
2 号楼	0.0000	0.0005	0.3563	0.6432	0.0000
3 号楼	0.0000	0.5757	0.3614	0.0507	0.0122
4 号楼	0.6262	0.3104	0.0634	0.0000	0.0000
5 号楼	0.0006	0.2113	0.4759	0.2473	0.0649
6 号楼	0.0650	0.6016	0.2692	0.0463	0.0179
7 号楼	0.0164	0.4412	0.4380	0.1044	0.0900
8 号楼	0.0076	0.3096	0.4936	0.1681	0.0210

8 栋建筑物所属的安全风险等级存在差异，其中 2 号楼安全风险最大，处于Ⅳ级风险，盾构施工造成建筑损坏的风险较高。1 号楼、5 号楼和 8 号楼暂处于Ⅲ级风险，其在Ⅲ级的聚集概率分别为 0.6547、0.4759 和 0.4936，其中 5 号楼处于Ⅳ级风险的概率为 0.2473，向Ⅳ级风险转移的概率较高；3 号楼、6 号楼和 7 号楼处于Ⅱ级风险，其最大聚集概率分别为 0.5757、0.6016和 0.4412，其中 3 号楼和 7 号楼处于Ⅲ级风险状态的概率分别为 0.3614和 0.4380，说明这 2 栋建筑物风险等级升高的可能性较高。因此，根据风险预测结果，有必要加强对 1 号楼、2 号楼、5 号楼、7 号楼、8 号楼的日常监测，提前制定风控措施，并采取一些强化防护措施，如处理充填空腔等。

2. 敏感性分析

根据安全风险等级预测结果，2 号楼、1 号楼、8 号楼、5 号楼、7 号楼这 5 栋建筑整体风险等级较高，盾构施工风险程度较高。因此，选取它们进行敏感性分析，以确定岩溶地区隧道盾构施工过程中对建筑安全影响较大的关键因素。利用式(4.9)对 1000 次迭代结果的概率分布进行解模糊处理，将概率分布转化为数值。然后，通过式(4.9)计算5栋建筑的15个指标(X1～X15)对 T 的灵敏度，得到各指标的灵敏度结果，如图4-5所示。图4-6为5栋建筑物局部敏感性最高的4个指标对应的建筑安全风险散点图。结果分析如下。

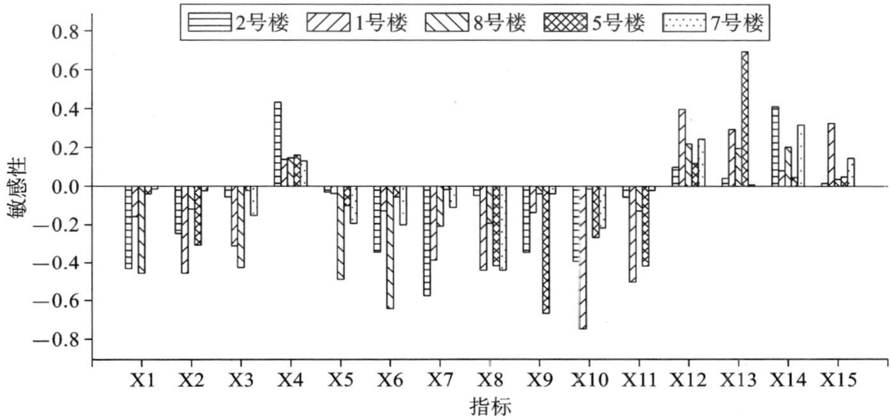

图4-5　5栋建筑物的敏感指标分析

(1)不同建筑物的最敏感指标差异较大。对于2号楼，X7、X4、X1和X14是最敏感的4个指标；对于1号楼，X10、X11、X2和X8是最敏感的4个指标；对于8号楼，X6、X5、X1和X3是最敏感的4个指标；对于5号楼，X13、X9、X8和X11是最敏感的4个指标；对于7号楼，X8、X14、X12和X10是最敏感的4个指标。因此，为了控制这些建筑物的风险水平，在安全管理过程中应优先对相应的高敏感指标进行监测和控制，因为这些指标的观测值稍有变化，就可能对建筑物的安全状况产生较大的影响。

(2)同一建筑物的指标敏感性有正负之分。例如，2号楼有5个指标表现为正敏感，其余指标表现为负敏感。X4、X12、X13、X14和X15指标与2号楼安全状态 T 变化方向一致，其余10个指标与 T 变化趋势相反，与建筑安全风险评价标准高度一致。此外，X8是三栋建筑物共同的高度敏感指标，这一发现表明，在预施工阶段，扩大开挖隧道与建筑物基础之间的距离，可以控制风险。

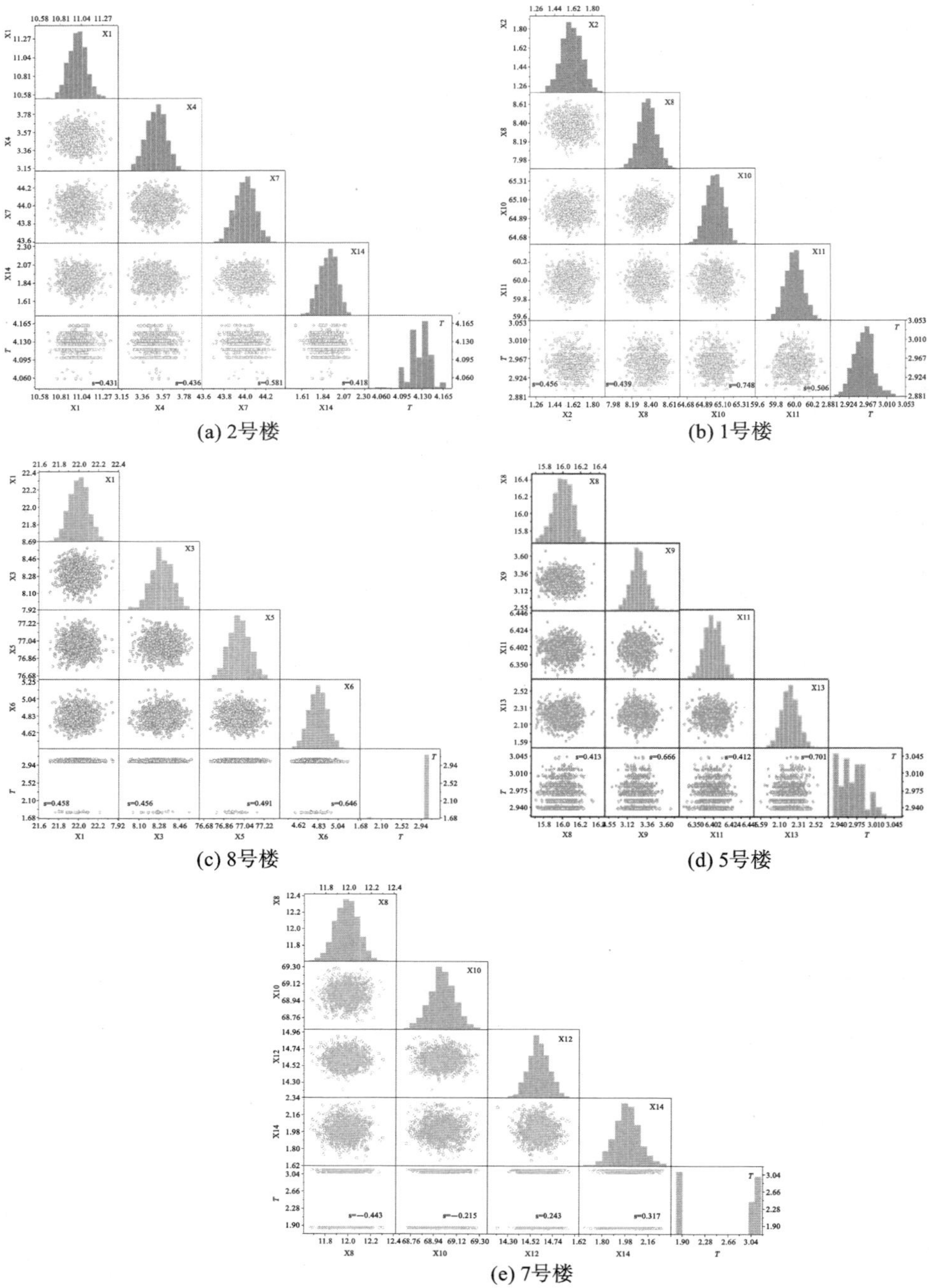

(a) 2号楼　(b) 1号楼　(c) 8号楼　(d) 5号楼　(e) 7号楼

图 4-6　5 栋建筑物局部敏感性最高的 4 个指标对应的建筑安全风险散点图

(3)当建筑物风险等级过高时，根据敏感性分析结果，有针对性地采取控制和管理敏感指标的处理方案，可以有效降低风险，增强控制效果。如在盾构开挖过程中对地质勘探探测到的空腔进行预处理，采取浆体封堵处理措施进行加固或在开挖过程中最大限度地扩大盾构机与空腔之间的距离，是除加固和维护建筑结构外，减少隧道施工对建筑物造成严重破坏的有效措施之一。这与现有研究的发现高度一致。

3. 风险诊断

BN 不仅可以通过正向推理判断建筑物安全状态，还可以利用其逆向推理技术诊断出最可能导致建筑物风险状态的关键因素，并且计算出各致险因素的后验概率。工程管理人员可以根据风险诊断的结果，快速识别风险产生的原因，并采取相应的措施，防止建筑安全状态进一步恶化。假设建筑物的安全状态分别为Ⅳ级(相对危险)和Ⅴ级(危险)，即当 $P(T=\text{Ⅳ})=1$、$P(T=\text{Ⅴ})=1$ 时，根据式(4.11)计算 2 号楼各致险因素的后验概率分布，如图 4-7 所示。

X3、X4、X6、X9 被认为是建筑物安全状态为Ⅳ级和Ⅴ级时，最可能引起建筑物高安全风险的关键因素。从图 4-7 可以看出，两种情况下各因素的后验概率分布基本相同，概率分布与相对波动之间差异不大。其中 X3 和 X9 的风险等级在Ⅳ级和Ⅴ级的概率最高，接近 100%，是岩溶地区盾构施工邻近建筑物高安全风险最有可能的直接影响因素。X4 和 X6 风险等级在Ⅳ级和Ⅴ级的概率也较高，超过 50%，也很可能是导致建筑物高安全风险的关键因素。

在风险诊断过程中，要重点关注上述四个因素，持续跟踪和控制，直到建筑安全风险得到很好的控制。因此，后验概率可以实时为风险因素诊断提供新的证据信息，并可以动态更新相关变量的值。这可以揭示安全风险发生的演化路径，同时减少对相关领域专家的高度依赖。

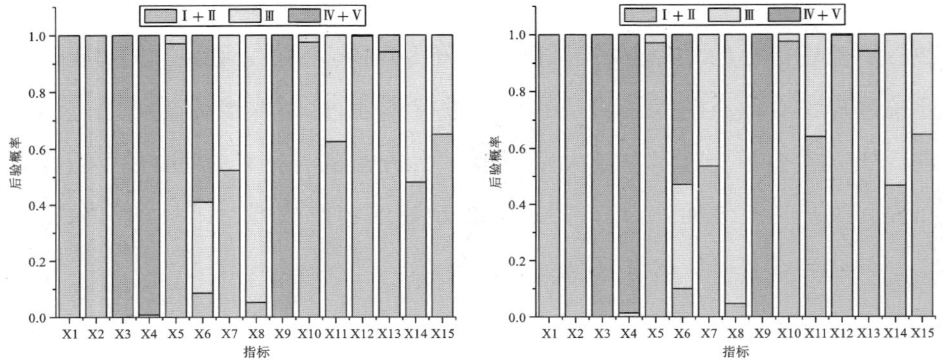

(a) T=Ⅳ　　(b) T=Ⅴ

图 4-7　风险指标的后验概率分布

4.4　评价结果对比分析

4.4.1　改进的云模型与传统云模型的对比

对比表 4-7 和表 4-8 可以发现，改进的云模型相较传统云模型获得节点的先验概率具有较高的可靠性和准确性。以 5 号楼的相关数据为例，改进的云模型中，X3 处于Ⅴ级安全风险状态，X13 和 X15 处于Ⅱ级安全风险状态，但传统云模型中，X3 处于Ⅳ级安全风险状态，X13 和 X15 处于Ⅲ级安全风险状态，在风险承担倾向上表现出一定程度的偏差。在风险评估过程中，不可避免的模糊不确定性主要体现在风险等级的分级上。如何识别与风险相关的各种区间的边界一直是一个重大问题。使用最优云熵规则构建的云模型实现了区间边界上的模糊性和精确性的结合。当客观数据和主观数据信息被处理成概率后，改进的云模型建立的分层云在不同安全状态下的取值范围可以根据评价指标进行调整，因此，得到的先验概率更接近评价指标的实际情况，在为 BN 提供先验知识状态方面显示出极大的优势。

表 4-7 使用改进的云模型获得的先验概率

指数	先验概率					风险等级
	P_1	P_2	P_3	P_4	P_5	
X1	0.194	0.804	0.001	0	0	Ⅱ
X2	0.389	0.606	0.004	0	0	Ⅱ
X3	0	0	0	0.098	0.901	Ⅴ
X4	0	0	0.011	0.902	0.086	Ⅳ
X5	0.204	0.769	0.028	0	0	Ⅱ
X6	0.012	0.093	0.372	0.520	0.003	Ⅳ
X7	0.022	0.936	0.042	0	0	Ⅱ
X8	0	0.056	0.944	0	0	Ⅲ
X9	0	0	0.005	0.266	0.729	Ⅴ
X10	0.039	0.938	0.023	0	0	Ⅱ
X11	0.007	0.785	0.207	0	0	Ⅱ
X12	0.361	0.634	0.004	0	0	Ⅱ
X13	0.001	0.947	0	0.052	0	Ⅱ
X14	0.003	0.494	0.501	0.002	0	Ⅲ
X15	0.005	0.647	0.346	0.001	0	Ⅱ

表 4-8 使用传统云模型获得的先验概率

指数	先验概率					风险等级
	P_1	P_2	P_3	P_4	P_5	
X1	0.003	0.997	0.001	0	0	Ⅱ
X2	0.068	0.932	0.000	0	0	Ⅱ
X3	0	0	0	1	0	Ⅳ
X4	0	0	0	1	0	Ⅳ
X5	0.001	0.999	0	0	0	Ⅱ
X6	0	0	0.126	0.874	0	Ⅳ
X7	0	1	0	0	0	Ⅱ
X8	0	0	1	0	0	Ⅲ
X9	0	0	0	0.005	0.995	Ⅴ

续表

指数	先验概率					风险等级
	P_1	P_2	P_3	P_4	P_5	
X10	0	1	0	0	0	Ⅱ
X11	0	0.999	0.001	0	0	Ⅱ
X12	0.013	0.987	0	0	0	Ⅱ
X13	0	0	1	0	0	Ⅲ
X14	0	0.054	0.946	0	0	Ⅲ
X15	0	0.005	0.995	0	0	Ⅲ

4.4.2 预测能力比较分析

传统的BN是一种被广泛应用的风险分析方法，但它只能解决数据的随机性问题，无法描述指标的模糊性。此外，节点概率难以准确处理，因此无法准确评估安全风险水平。与传统BN相比，CBN具有更好的风险预测能力，可以将连续节点离散化，表达风险因素的随机不确定性。为了探索改进的CBN方法的有效性和准确性，本书在相同的模型和输入数据下，利用传统BN和FBN对5号楼进行风险预测并将最终的建筑安全评价结果与本书提出的改进的CBN评价结果进行比较。

在模型和输入数据相同的情况下，改进的CBN不仅可以得到与FBN相同的结论，而且可以比FBN反映更多的不确定性。利用CBN和FBN对5号楼进行200次迭代的风险推断预测结果对比如图4-8所示，概率分布结果对比见表4-9。

改进的CBN能更清晰地刻画系统认知和数据的随机不确定性，得到更准确、更真实的评价结果。从图4-8和表4-9可以看出，CBN 200次迭代的风险水平状态概率值在一定范围内波动，每次迭代的结果并不完全一致。但是，FBN推断得到的概率值是固定的，200次迭代结果的概率值分布完全相同。两种方法的评价结果一致，最大聚集概率在Ⅲ级，其次是Ⅱ级和Ⅳ

级，说明改进的 CBN 可以得到与 FBN 相同的结论。一个 FBN 能反映数据的模糊性，而改进的 CBN 不仅能反映数据的模糊性，还能反映概率值的波动性，即数据的随机性。这是因为云模型可以兼顾概念的模糊性和随机性，体现概念之间的相关性，完成从定性到定量的转换。

云模型的加入可以减少数据集噪声的不利影响，提供更准确的预测。通过对预测结果的深入比较，发现 CBN 模型对一些独立样本具有较好的预测能力。传统 BN 在某些样本上的预测结果存在较大差异。使用传统 BN 将 5 号楼预测为Ⅱ级，而该建筑在实际情况下的真实风险等级为Ⅲ级。CBN 模型的预测结果与 FBN 预测结果一致，样本的预测是正确的。CBN 中学习阶段的模糊离散化是其良好预测性能的主要原因。云模型的引入考虑了模糊性和不确定性，对连续变量节点进行离散化，更新了传统贝叶斯节点的条件概率表，提高了模型的预测精度，影响了预测结果。

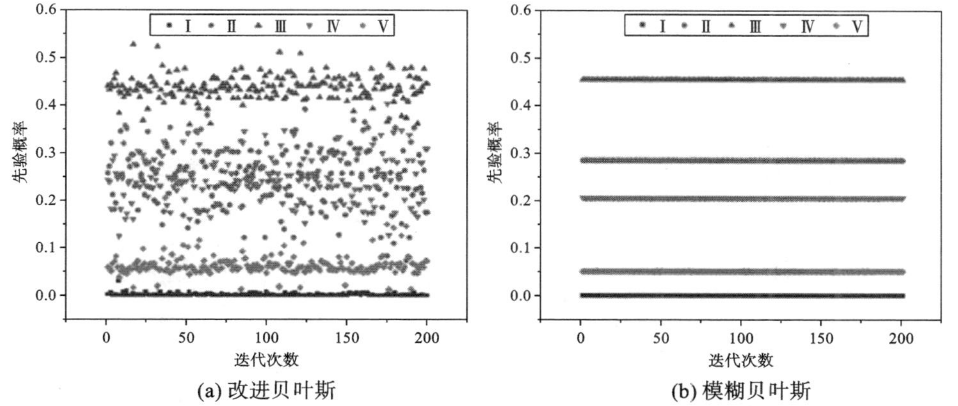

(a) 改进贝叶斯 (b) 模糊贝叶斯

图 4-8 5 号楼安全风险等级的概率分布

表 4-9 CBN、FBN 与 BN 关于 5 号楼安全风险等级的概率分布结果对比

算法	安全风险等级				
	Ⅰ	Ⅱ	Ⅲ	Ⅳ	Ⅴ
改进的 CBN	[0,0.029]	[0.051,0.430]	[0.322,0.576]	[0.123,0.421]	[0.012,0.204]
FBN	0	0.286	0.456	0.207	0.005
BN	0	0.636	0.145	0.105	0.009

4.5 盾构施工控制措施及效果

4.5.1 盾构施工控制措施

1. 盾构施工基本控制措施

(1)盾构施工前,应在适当位置开库检查工具和维护施工设备,并维护盾构机及其配套的设备系统,及时排除存在的故障和隐患,确保机器在施工区域内处于良好的运行状态。

(2)区间建(构)筑物管上预留注浆孔,注浆管采用加强型。盾构施工应加强同步注浆和二次注浆(图 4-9)。

(a) 二次注浆材料的制备

(b) 二次注浆施工

图 4-9 隧道二次注浆工艺

(3)盾构施工应根据埋深和水文条件合理确定土压力,加强盾构开挖工况管理。

(4)盾构施工应严格控制开挖参数,尽量减少对地层的扰动。

(5)控制盾构姿态、盾构方向、推力和速度,并减少盾构修正。加强建(构)筑物变形监测和反馈,根据监测结果及时调整盾构施工参数。

2. 盾构施工参数优化控制措施

盾构施工时,可根据现场工程试验和数据分析,优化盾构施工参数(图4-10)。在本案例中,具体施工参数优化控制措施如下。

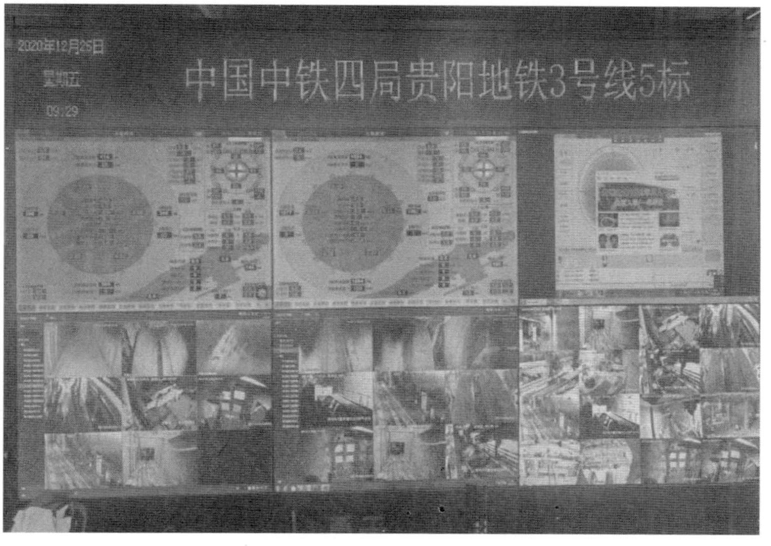

图 4-10　盾构施工参数优化控制系统接口

(1)盾构开挖速度控制在 10～15 mm/min,盾构推力控制在 900～1500 kN,确保盾构连续开挖和快速通过,从而减小对地层的扰动。如果推力过大,容易导致地面隆起。如果推力太小,则地面沉降会加大,盾构开挖速度不宜太快,以免同步注浆量不足。

(2)严格控制出土量,根据盾构机选型和开挖直径计算每环出土量为 69 m^3(±1 m^3)。在施工过程中,应安排专人对出土量进行监测,如发现偏差过大,应立即上报。

(3)为保证同步注浆的充分性,每环同步注浆体积为6～7.2 m^3,注浆压力控制在 0.2～0.4 MPa。为了最大限度地利用同步注浆来填补管道后面的空隙，应严格控制注浆压力。

(4)为了保证管板壁后的充填效果，在同步注浆的同时进行二次注浆。注浆位置为盾构尾部后面的 3 到 4 个环。

(5)土仓的压力控制为 0.4～0.7 bar，不得小于 0.4 bar，否则容易引起地面沉降和建筑物裂缝。

(6)盾构机水平姿态控制在－10～10 mm，左至旋转曲线段控制在－20～10 mm，右至右转子段控制在 10～20 mm。根据测量管上的浮体数据，将垂直姿态控制在－50～－40 mm，将管从盾构尾部取出，到达隧道轴线位置。

根据岩溶处理范围，盾构隧道岩溶处理方法一般以地面满铺钻孔注浆填充溶洞为主，在无地面施工条件的情况下可采用以灌注桩和旋喷桩进行隔离的措施，来配合地面钻孔注浆处理。本工程对风险大的 4 栋建筑物(2 号楼、4 号楼、7 号楼、8 号楼)，采取事先进行地表溶洞注浆加固处理。具体措施如下。

(1)保证同步注浆的充分性，每环同步注浆体积为 6～7.2 m^3，注浆压力控制在 0.2～0.4 MPa。为了最大限度地利用同步注浆来填补管道后面的空隙，应严格控制注浆压力。

(2)为了保证管板壁后的充填效果，在同步注浆的同时进行二次注浆。注浆位置为盾构尾部后面的 3 到 4 个环。

(3)单液浆配比控制：水灰比＝0.5～1(质量比)。水泥砂浆配比控制在水∶水泥∶砂＝0.4∶1∶1(质量比)。

4.5.2 工程实施效果

案例工程采取了上述盾构施工控制措施，为了验证实施效果，本书选取了 10 个监测点，记录了 2021 年 9 月 22 日至 9 月 29 日 2 号楼的变形累积变化的监测数据，如图 4-11 所示，还选取了 5 个监测点，记录了 2021 年 9 月 18 日至 9 月 29 日 2 号楼的裂缝累积变化的监测数据，如图 4-12 所示。

分析监督数据后可以发现，2 号楼一周内监测数据的最大日均变化量为－0.20 mm，其他监测点的日均变化量不超过±0.15 mm。从图 4-12 可以看出，现场测量的建筑物裂缝最大变形点的累积变化量为 0.46 mm，建筑物裂缝每日平均变化量为 0.05 mm。在现场环境检查期间，建筑物内未出现新的裂缝，周围表面和路面未发现异常裂缝和沉降。各监测项目的监测数据趋于稳定，属于安全可控状态。

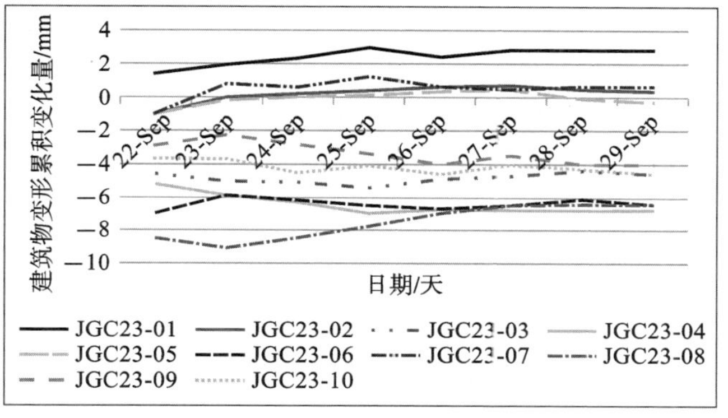

图 4-11　实施控制措施后 2 号楼变形累积变化量曲线

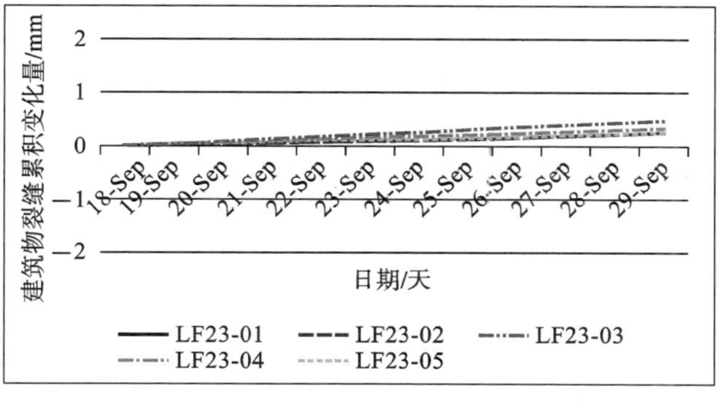

图 4-12　实施控制措施后 2 号楼裂缝的累积变化量曲线

5 基于数据驱动混合智能算法的岩溶地区盾构施工多目标预测和优化

现阶段对盾构施工工程的控制主要借助于施工管理者对各种施工数据的人工监控,缺乏利用智能算法对多种因素耦合作用的盾构施工参数的智能控制。本书提出一种基于数据驱动混合智能算法(Bayesian-RF-NSGA-Ⅲ)的岩溶地区盾构施工参数多目标优化方法。采用 RF 集成学习智能算法对地表沉降进行预测,再将 RF 智能预测模型和刀盘磨损与盾构能耗作为目标适应度函数,提出基于数据驱动混合智能算法(Bayesian-RF-NSGA-Ⅲ)的多目标优化算法,确定盾构施工参数合理控制范围,为岩溶地区盾构施工参数控制提供了一种新思路。

5.1 基于智能算法的岩溶地区盾构施工多目标预测优化框架

本书首先选取土仓压力、注浆量、刀盘转速、总推力等十三个对地表沉降影响较大的盾构施工参数作为输入指标,采用 RF 集成学习智能算法对地表沉降预测模型进行预测训练并验证预测模型的可靠性,得到施工参数和地表沉降的非线性映射函数作为适应度函数,同时以刀盘磨损、盾构能耗为目标函数,基于研发的数据驱动混合智能算法(Bayesian-RF-NSGA-Ⅲ)进行多目标优化得到帕累托最优解集,根据优化后盾构施工参数帕累托最优解集分布,确定盾构施工参数优化控制范围。基于 Bayesian-RF-NSGA-Ⅲ地表沉降预测及盾构施工参数优化流程图见图 5-1。

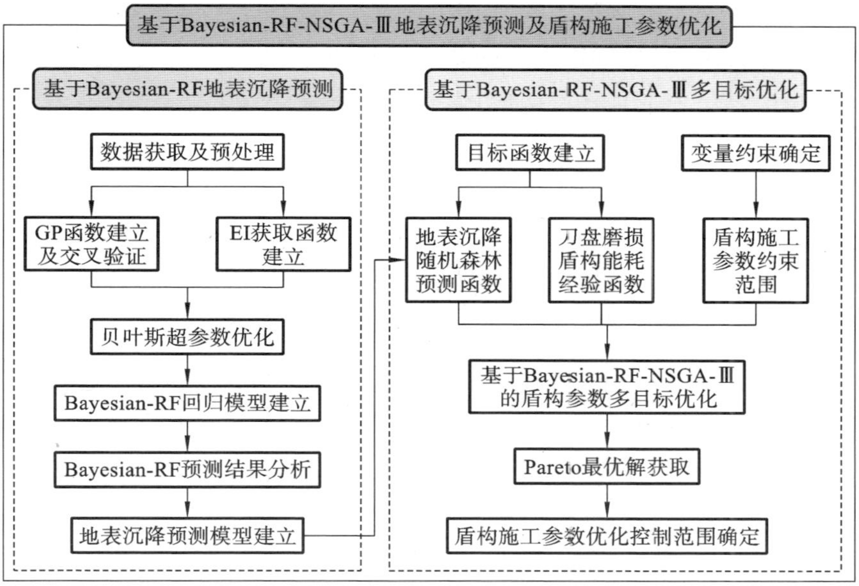

图 5-1　基于 Bayesian-RF-NSGA-Ⅲ地表沉降预测及盾构施工参数优化流程图

5.2　基于数据驱动智能算法（Bayesian-RF）优化目标预测

5.2.1　基于贯入度数据预处理

在数据获取的过程中，由于施工现场存在强机械振动和电磁噪声等干扰，盾构机在正常掘进工作状态时也会产生部分需要剔除的异常数据。这些异常数据会为之后的工作带来干扰，从而影响模型的训练和预测效果。和正常的数据相比，这些异常数据表现为贯入度的异常大或异常小。贯入度 P 可以用掘进速度 v 和刀盘转速 n 的关系表示为式(5.1)：

$$P = \frac{v}{n} \tag{5.1}$$

贯入度随环号的变化关系如图 5-2 所示，贯入度的异常在图中表现为在不同环号会出现尖峰，这些尖峰代表已造成干扰，不利于数据的分析，因此这些数据在工程上不具有价值，需要进行滤除。

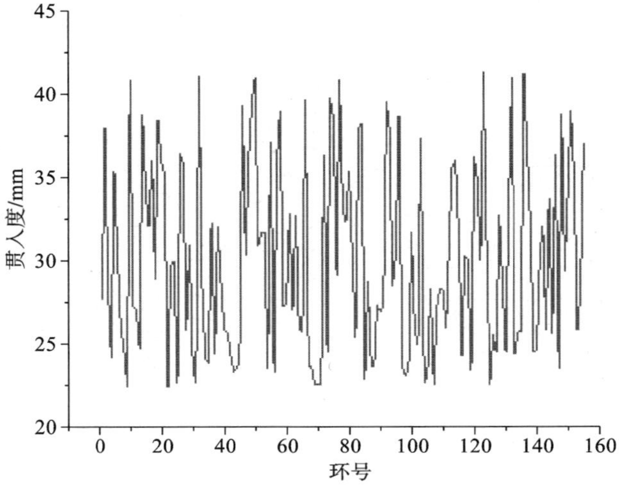

图 5-2　贯入度随环号的变化关系图

5.2.2　贝叶斯优化

RF 预测模型的参数主要有决策树数量(N_{est})、决策树最大深度(D_{tre})、节点划分所需最小样本数(T_{split})、叶节点最少样本数(T_{leaf})4 个。在 4 个参数中，决策树数量(N_{est})表示模型的学习程度，如果 N_{est} 过小，容易造成学习程度不足，如果 N_{est} 过大，不仅会增大计算量，而且数量超过一定范围后，会产生过拟合的风险。D_{tre}、T_{split} 和 T_{leaf} 反映了对样本的利用策略。在样本数量较多时，应限制 D_{tre}。如果节点的样本数少于 T_{split}，则节点划分终止。如果某叶节点数目小于 T_{leaf}，则进行剪枝操作。

本书采用计算效率较高且易实现的贝叶斯优化算法对随机森林模型的超参数进行优化。贝叶斯优化过程主要包括两个部分：一是对目标函数建模，二是构造采集函数。

高斯过程的实现由均值和协方差函数决定。对于预测点 x_s，其预测后验分布为高斯分布 $N(\mu(x_s), \sigma^2(x_s))$，其中 $\mu(x_s)$ 为均值，$\sigma^2(x_s)$ 为方差。对高斯过程均值函数进行典型的零均值假设，可以将均值和方差按式(5.2)和式(5.3)表示：

$$\mu(x_s) = k_{*J}^{\mathrm{T}} K_{JJ}^{-1} k_{1:J} \tag{5.2}$$

$$\sigma^2(z_s) = k_{**} - k_{*J}^{\mathrm{T}} K_{JJ}^{-1} k_{*J} \tag{5.3}$$

式中，k_{**} 表示核函数；$k_{*J} = [k(x^*, x_1), \cdots, k(x_{t+1}, x_t)]$；$K_{JJ}$ 则为 $x_{1:J}$ 之间的 Gram 矩阵。

采集函数是下一个待评估点取值的参考依据，它使用一个函数来衡量迄今为止最好的观测值(最小或最大)可能的改进，从而实现采集过程，目前常用的采集函数有概率改进(PI)、期望改进(EI)和置信约束三种。本书选择期望改进(EI)作为采集函数，其表达式见式(5.4)和式(5.5)：

$$\mathrm{EI}(x) = \begin{cases} \Phi(z)(u(x) - f(x^{\max})) + \phi(z)\sigma, & \sigma > 0 \\ 0, & \sigma = 0 \end{cases} \tag{5.4}$$

$$z = \frac{u(x) - f(x^{\max})}{\sigma} \tag{5.5}$$

式中，$f(x^{\max})$、$u(x)$、$\Phi(z)$ 分别表示当前的最大值、期望损失值和累积分布函数；σ 表示 $f(x)$ 的方差；$\phi(z)$ 表示概率密度函数。

5.2.3 随机森林

1. 重采样方法

重采样方法(Bootstrap)是一种对原始数据集有放回采样的方法。通过对原始数据集的重新采样，以生成多个新的独立的、同质化的数据集。每个新数据集中的样本数与原始数据集中的相同，未被提取的样本称为袋外数据(OOB)，在原始数据集中不被提取的概率可用式(5.6)表示：

$$p = (1 - \frac{1}{n})^n \tag{5.6}$$

式中，n 是原始数据集中的样本数，这意味着当数据量足够大时，约 36.8％的数据将不会被提取。

2. 变量重要性度量

变量重要性度量是 RF 算法的重要特点，通过均方误差增量（IncMSE）评价输入指标对预测目标的影响程度。RF 算法对每棵决策树中的输入变量 x_i 进行随机扰动（重新排列），通过评估袋外数据的均方残差来评价各个输入指标对预测目标的影响程度，实质上是通过测量各个 IncMSE 来测量特征重要性的一种方法，假设 RF 有 ntree 棵树，对于第 i 棵决策树中的变量 x_i，IncMSE_i 计算见公式（5.7）：

$$\mathrm{IncMSE}_i = \frac{\sum_{i=1}^{\mathrm{ntree}} (\mathrm{MSE}_{i1}^{\mathrm{OOB}} - \mathrm{MSE}_{i2}^{\mathrm{OOB}})}{\mathrm{ntree}} \quad 1 \leqslant i \leqslant \mathrm{ntree} \tag{5.7}$$

式中，IncMSE_i 代表第 i 指标的均方误差增减值；$\mathrm{MS\ E}_{i1}^{\mathrm{OOB}}$ 为未受到扰动的袋外数据的均方误差；$\mathrm{MSE}_{i2}^{\mathrm{OOB}}$ 为随机扰动后袋外数据的均方误差。IncMSE 值越大，说明特征变量对目标的影响就越大，对目标的重要性也就越大；否则，则不重要。

3. 回归与预测

RF 在 Bagging 算法的基础上，采用随机分裂特征集的方式构建决策树。采用 Bootstrap 重采样方法，从原始样本集中提取多个子样本集，每个子样本集独立形成决策树 $(h(x,\theta_k), k = 1,2,\cdots,K)$ 。决策树通过随机选择特征分割内部节点，多棵分裂的决策树组成 RF，通过综合各决策树的结果得到输出结果。对于回归算法，预测结果是所有决策树输出结果的平均值，回归结果表示为式（5.8）：

$$\overline{H}(x) = \frac{1}{K}\sum_{i=1}^{K}(h_i(x,\theta_k)) \tag{5.8}$$

式中，$\overline{H}(x)$ 表示预测结果；h_i 为单个决策树；θ_k 是决定单个决策树生长过程的独立分布随机变量；K 为决策树个数。在 RF 算法中，由于每棵决策树不会同时拥有所有特征，即每棵决策树具有不确定性，这增加了 RF 模型的泛化能力。

4. 结果与评价

通过随机森林算法得到的模型还需检验其精确度。均方误差 MSE 和拟合优度 R^2 可以用来验证 RF 模型的预测精度。其中，MSE 体现的是样本的离散程度，模型拟合效果越好时其值越接近 0；R^2 的取值范围为 0～1，模型拟合效果越好时其值越接近 1。各指标可通过式(5.9)和式(5.10)计算。

$$\mathrm{MSE}=\frac{\sum_{i=1}^{n}(y^{\mathrm{obs}}-y^{\mathrm{pred}})^2}{n} \tag{5.9}$$

$$R^2=1-\frac{\sum_{i=1}^{n}(y^{\mathrm{obs}}-y^{\mathrm{pred}})^2}{\sum_{i=1}^{n}(y^{\mathrm{obs}}-\overline{y}^{\mathrm{obs}})^2} \tag{5.10}$$

式中，n 为样本数；y^{obs} 为实际观测值；$\overline{y}^{\mathrm{obs}}$ 为实际观测值的平均值；y^{pred} 为预测值。

5.3 基于数据驱动混合智能算法（Bayesian-RF-NSGA-Ⅲ）的多目标优化

5.3.1 NSGA-Ⅲ优化算法

适用于高维目标优化的 NSGA-Ⅲ 于 2014 年被提出。NSGA-Ⅲ 和 NSGA-Ⅱ 的框架基本一致，NSGA-Ⅱ 利用拥挤距离法来选择具有相同非支配水平的个体，而 NSGA-Ⅲ 最大的变化就是利用良好分布的参考点即参考点法来选择个体，从而保持种群的多样性。Deb 设计了基于参考点的精英保留策略，保留那些非支配且接近参考点的种群个体，提高了优良个体搜索效率且维持了种群的多样性，使算法在进行超多维优化时具有良好的搜索帕累托前沿的能力。

NSGA-Ⅲ还增加了归一化目标函数的新特征。具体步骤如下：首先，确定理想点，计算每个目标函数对应的最小值。第 i 个目标函数的最小值记为 $Z_i^{\min}$ 。每个目标函数的最小值构成理想点，见式(5.11)：

$$\bar{z} = (Z_1^{\min}, Z_2^{\min}, \cdots, Z_M^{\min}) \tag{5.11}$$

式中，$Z_1^{\min}, Z_2^{\min}, \cdots, Z_M^{\min}$ 分别代表各优化函数的最小取值。

其次，将种群个体的在目标维度中的取值进行转换，见式(5.12)：

$$f'_i(X) = f_i(X) - z_i^{\min} \tag{5.12}$$

再通过 ASF 函数运算找到每个维度的极值点，见式(5.13)：

$$\mathrm{ASF}(X, W) = \max_{i=1} \frac{f'_i(X)}{w_i} \tag{5.13}$$

搜索每个目标函数。取 ASF 函数的最小值作为该节点的极值点。然后得到 n 维极值点。根据得到的 n 维极值点，可以构造 $(n-1)$ 维超平面。这个超平面与每个坐标轴相交。若各轴截距记为 a_i ，则归一化目标函数方程可表示为式(5.14)：

$$f_i^n(X) = \frac{f'_i(X)}{a_i - Z_i^{\min}} = \frac{f_i(X) - Z_i^{\min}}{a_i - Z_i^{\min}}, i = 1, 2, \cdots, M \tag{5.14}$$

5.3.2 基于 Bayesian-RF 建立目标优化函数

利用 Bayesian-RF 智能算法预测得到地表沉降与盾构施工参数的拟合关系，把地表沉降绝对值最小函数 f_1 作为多目标优化目标函数，见式(5.15)：

$$f_1 = \min \left| \mathrm{RF}(X_1, X_2, X_3, \cdots, X_n) \right| \tag{5.15}$$

刀盘磨损量 δ 计算公式见式(5.16)：

$$\delta = \frac{n_d \cdot F_n^4 \cdot n \cdot 2\pi r \cdot l}{k \cdot \mathrm{UCS} \cdot T^2 \cdot v} \tag{5.16}$$

式中，n_d 为动态因素；F_n 为总推力；n 为刀盘转速；r 为刀盘布置半径；l 为隧道单环宽度；k 为经验系数；UCS 为无侧向抗压强度；T 为刀盘扭矩；v 为掘进速度。

盾构能耗计算公式见式(5.17)：

$$E = E_1 + E_2 = F_n \cdot v \cdot t + T \cdot n \cdot t \tag{5.17}$$

式中，E_1 为推进系统的能耗；E_2 为刀盘系统的能耗；F_n 为总推力；v 为掘进速度；t 表示时间；T 为刀盘扭矩；n 为刀盘转速。在这里，t 作为固定常量。

为避免优化的盾构参数结果与盾构工程实际参数相差过大，造成参数调节跨度大而产生安全隐患，须对各个输入指标设置初始参数的约束条件，约束条件的一般形式见式(5.18)：

$$b_{il} < x_i < b_{iu} \tag{5.18}$$

式中，x_i 代表第 i 个输入参数，b_{il} 和 b_{iu} 分别表示第 i 个设计参数值的下限和上限。

5.3.3 基于数据驱动混合智能算法（Bayesian-RF-NSGA-Ⅲ）多目标优化求解

基于数据驱动混合智能算法(Bayesian-RF-NSGA-Ⅲ)对设置的多目标进行优化的步骤如下。

(1)假设有一个一定规模的种群，用遗传算子对该种群进行操作，得到另一个同样规模的种群，再将两个种群混合，得到一个双倍规模的种群。

(2)对双倍种群进行非支配排序，得到不同非支配层级的多层个体。把非支配层级的个体依次加入下一代子代的集合，直到该集合的规模大于初步设置的规模。

(3)计算多个目标函数中每一个目标维度上的最小值，得到理想点集合，并对每个目标函数进行标量化操作，寻找极值点，算出对应坐标轴上的截距，并进行归一化运算。

(4)计算多个目标函数上的参考点，构建参考点向量，并针对每一个种群个体遍历所有向量，找到距离每个种群个体最近的参考点，筛选子代与删除参考点，对每个参考点进行遍历，寻找到被引用次数最少的参考点，获取帕累托最优解集。

5.3.4 优化决策

利用 NSGA-Ⅲ获取的是一组符合帕累托最优状态决策变量的最优解集，而非唯一最优解。而要找出唯一的最优解，可采用理想点法计算帕累托最优解集中每个解离理想点的距离，从中找到离理想点距离最近的点，即唯一最优解。

理想点是指由各个目标在帕累托前沿上的最优解所组成的点。本书讨论的是地表沉降、刀盘磨损和盾构能耗三个目标的优化，先计算出在帕累托前沿中各解与理想点之间的距离，计算公式见式(5.19)：

$$U_n = \left[\frac{(x_{\text{pareto}} - x_{E_{\text{point}}})}{x_{E_{\text{point}}}}\right]^2 + \left[\frac{(y_{\text{pareto}} - y_{E_{\text{point}}})}{y_{E_{\text{point}}}}\right]^2 + \left[\frac{(z_{\text{pareto}} - z_{E_{\text{point}}})}{z_{E_{\text{point}}}}\right]^2 \tag{5.19}$$

式中，$(x_{\text{pareto}}, y_{\text{pareto}}, z_{\text{pareto}})$为帕累托最优前沿点对应的坐标；$(x_{E_{\text{point}}}, y_{E_{\text{point}}}, z_{E_{\text{point}}})$为理想点对应的坐标。而最优点是距理想点距离最小的点，距离可通过距离计算公式(5.20)得到，即：

$$U_{\text{opt}} = \min(U_n) \tag{5.20}$$

由此可以使用理想点法从帕累托最优解集中确定唯一最优解。

5.4 案例研究

本书研究案例为贵阳轨道交通3号线一期工程师范学院站至东风镇站

区间段，如图 5-3 所示。研究段隧道埋深为 0～30.9 m，总长度为 2276 m。盾构机开挖直径为 6470 mm，主机总长 9.5 m，环数为 155 环。现隧道穿越地层主要为中风化石灰岩，岩石强度较高。区间盾构段详勘显示钻孔共 22 个，发现岩溶钻孔数量 2 个，见洞率 5.5%。补勘钻孔设计 76 个，其中发现溶洞钻孔 20 个，溶洞数量 34 个，见洞率 44.7%，最大洞高 8.4 m，需处理溶洞 28 个。补勘中根据物探揭露，共有 147 处溶洞（其中包含钻探揭露的 28 个溶洞）、52 处溶蚀破碎带需处理。石灰岩地层的复杂导致盾构掘进轨迹线不完整，再加上存在高强度灰岩、岩性软硬不均等因素，极大程度检验滚刀的耐冲击性，所以采用复合刀盘结构形式。灰岩地层刀具以滚刀为主，为增强破岩效果，采用小刀间距设计，设计滚刀刀箱具有安装撕裂刀的能力，以提高刀盘对不同地层（泥岩）的适应性。当前盾构机高度数字化，可以实时监控现场工况以收集数据，其控制界面如图 5-4 所示。

图 5-3　贵阳轨道交通 3 号线一期工程师范学院站至东风镇站段工程平面位置图

5.4.1　基于 Bayesian-RF 算法的地表沉降预测

1. 预测模型输入参数选取及数据获取

根据贵阳市轨道交通 3 号线师范学院站至东风镇站段地质条件以及现场施工对盾构机的要求，该区间选用的是土压平衡盾构机。土压平衡盾构

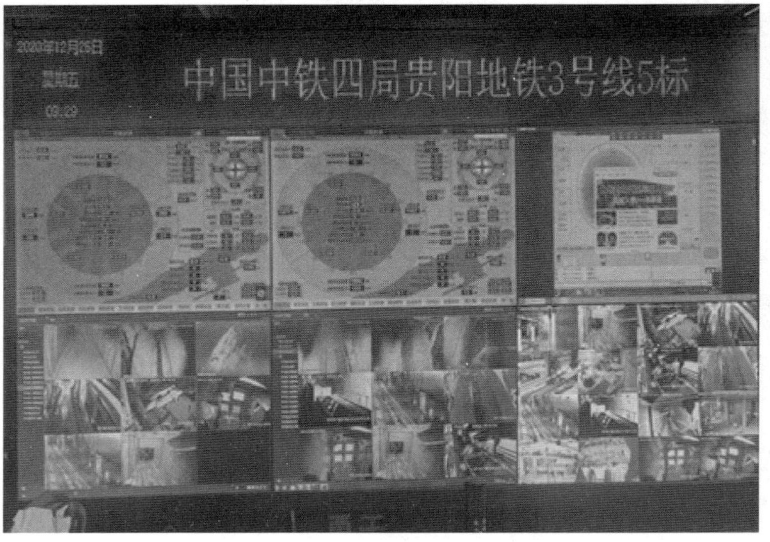

图 5-4　盾构机监控系统界面

刀盘在同种土体中进行切削时,刀盘转速增大会导致刀盘磨损增大,同时对土体的扰动也增大。总推力主要是克服摩擦阻力和刀盘受到的阻力推动盾构机前进,因此对地层位移和刀盘磨损的影响幅度也较大。随着总推力的增大,盾构机对土体的作用力会增大,进而对土体的扰动也会增大,从而加大施工引起的既有隧道变形。刀盘扭矩使盾构得以正常推进,且盾构机的主要能耗是用来切割土体,往前推进,因此刀盘扭矩的变动势必引起能耗值的波动。土方压力是关键的控制参量,在盾构机中,保持土仓内部压力与掌子面切削土体压力平衡,是减少土体扰动、控制地表沉降的有效办法。同时,掘进速度越快,盾构机工作效率越高,出渣量也越大,刀盘磨损和盾构能耗值也随之增大。

因此,为建立案例工程盾构施工地表沉降预测模型,根据相关文献和工程经验,本书提出了一个包含 19 个参数的输入指标体系,如表 5-1 所示。案例工程区间内采用土压平衡盾构机进行施工,隧道埋深和土质因素基本一致。本书在盾构始发试验段,通过现场实时数据记录和监控,得到 155 组施工数据并作出分类与统计,如表 5-1 所示。

表 5-1 盾构施工参数

参数类型	指标	数据		单位
		最小值	最大值	
输入	刀盘转速(X1)	1.3	2.3	r/min
	螺旋机转速(X2)	0	17.2	r/min
	总推力(X3)	8009	14928	kN
	注浆压力(X4)	1.3	4	bar
	注浆量(X5)	5	8	m^3
	刀盘扭矩(X6)	1208	2994	kN·m
	土仓压力(X7)	0.5	1.8	bar
	渣土方量(X8)	40	80	m^3
	泡沫量(X9)	40	80	L
	掘进速度(X10)	47.66	54.62	mm/min
	埋深(X11)	8	11.96	m
	标贯次数(X12)	0.07	28.71	freq
	单轴抗压强度(X13)	0.15	25.38	MPa
	黏聚力(X14)	13.00	28.10	kPa
	内摩擦角(X15)	13.00	24.31	°
	覆跨比(X16)	1	5	/
	溶洞发育高度(X17)	0	2	m
	溶洞填充情况(X18)	50	100	%
	地下水水位(X19)	4	30	m
输出	地表沉降(f1)	−34.51	−3.10	mm

根据现场实际数据，可以得到各个参数的分布和变化区间，部分参数变化分布情况如图 5-5 所示。

2. 贯入度异常的数据过滤

本书根据贯入度的公式，计算出盾构机正常掘进状态下的贯入度，其范围为 22.40～41.29 mm/r。对将贯入度进行统计，得到贯入度的分布情况，如图 5-6 所示，其中 N 为数据个数，S 为数据累计个数占比。由于数据较为分散，本书将贯入度约为整数后进行统计，得到均值为 30.08 mm/r。贯入度为 22.40～41.07 mm/r 的数据占 99%，因此结合以上结果和工程实际，考虑剔除贯入度>40.88 mm/r 的数据(占比为 3%)。

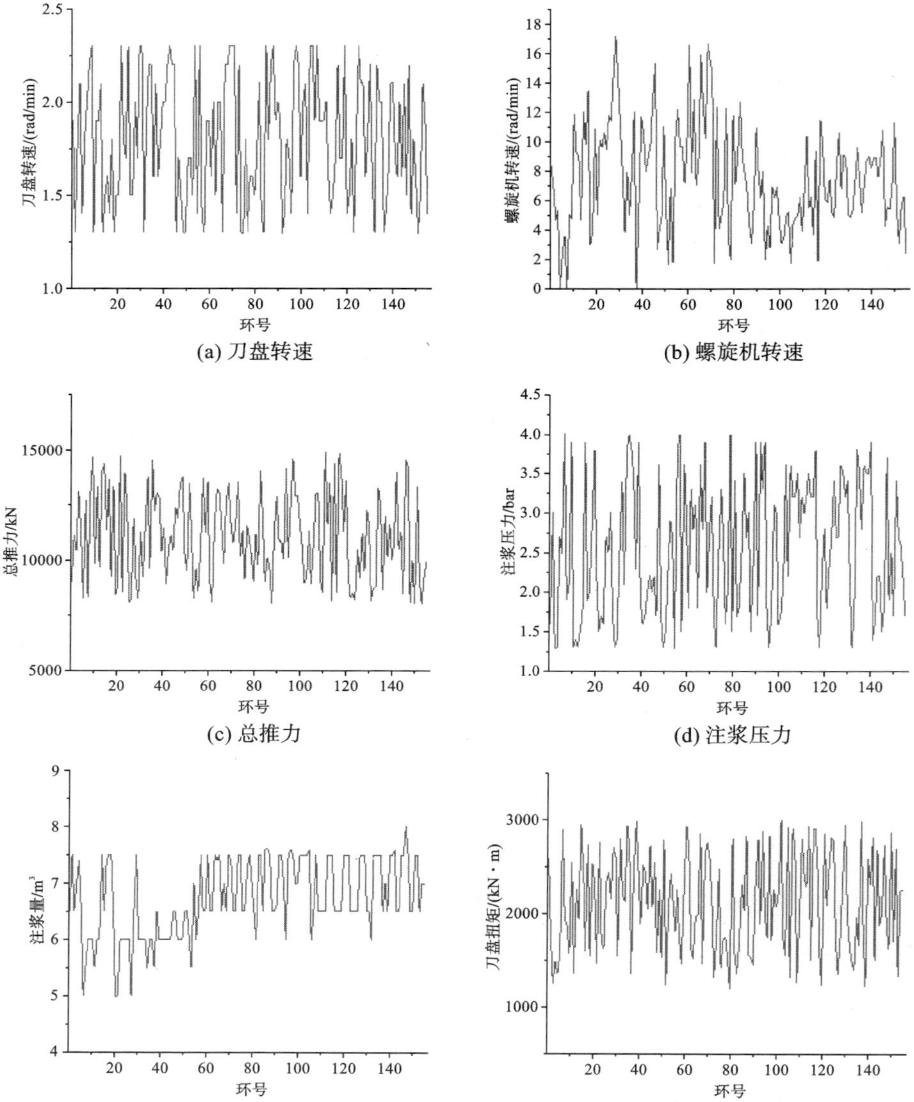

(a) 刀盘转速　(b) 螺旋机转速

(c) 总推力　(d) 注浆压力

(e) 注浆量　(f) 刀盘扭矩

图 5-5　各参数变化分布

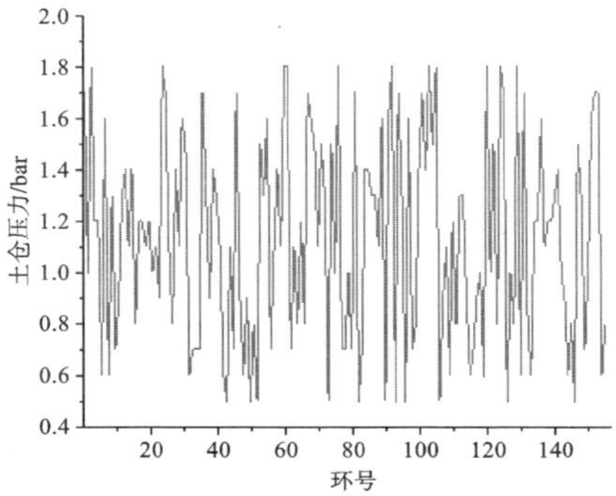

(g) 土仓压力

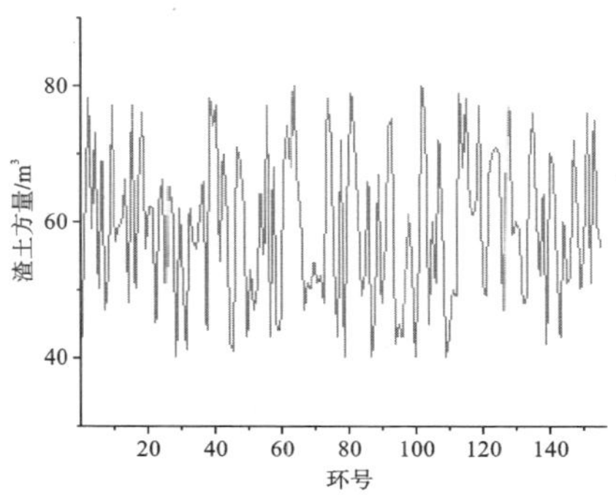

(h) 渣土方量

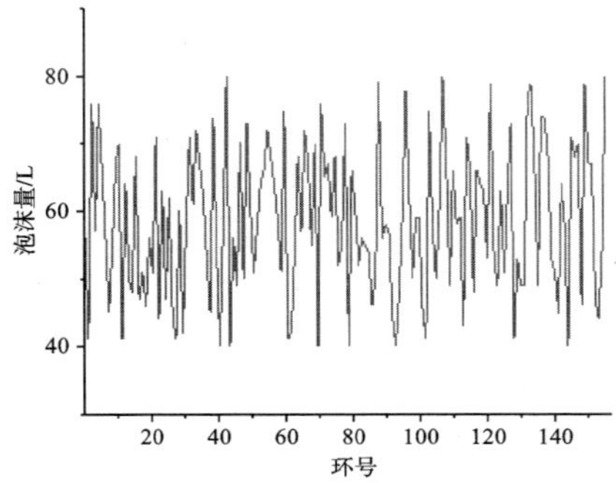

(i) 泡沫量

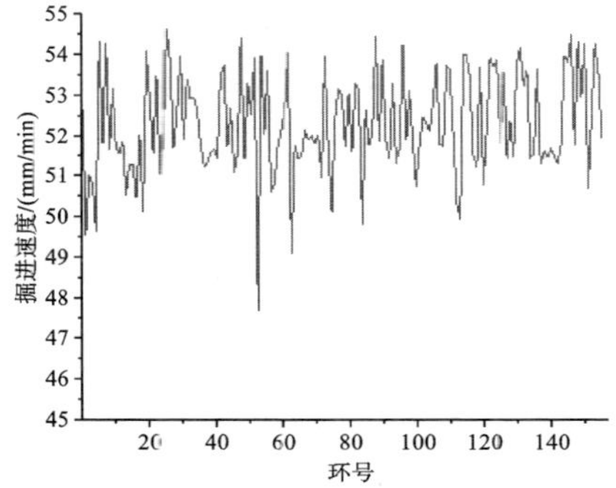

(j) 掘进速度

续图 5-5

3. 最优参数确定

RF 算法中参数的设置会对模型的预测性能产生直接影响，必须将模型的参数调整到合适的取值时才能达到较好的预测效果。在采用 5 倍交叉验证了 RF 模型的性能后，首先进行 5 次迭代以形成初始样本空间，从而建立初始 GP 先验。然后，在接下来的迭代中，计算采集函数 EI 以选择新的采样点，然后在每次迭代结束时更新 GP。经贝叶斯优化算法求得的最优参数为 num_leaves＝9，max_depth＝10。在此参数下，LGBM 模型的预测精度判别指标均方误差（RMSE）、拟合优度（ R^2 ）随最大迭代次数 n_estimators的增大而变化的情况，如图 5-7 所示。

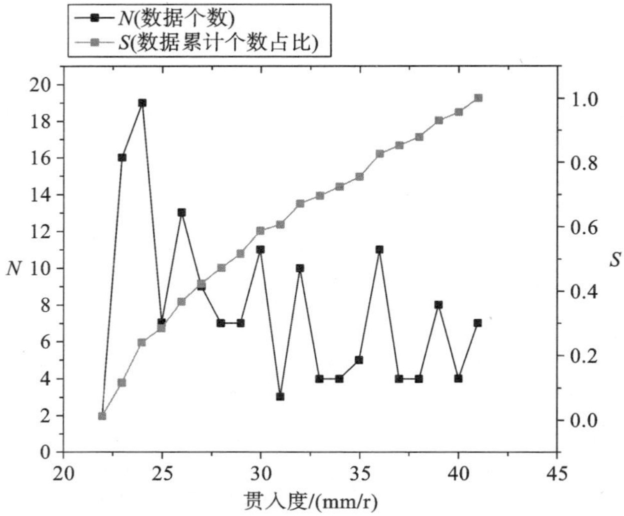

图 5-6　数据集中贯入度的分布情况

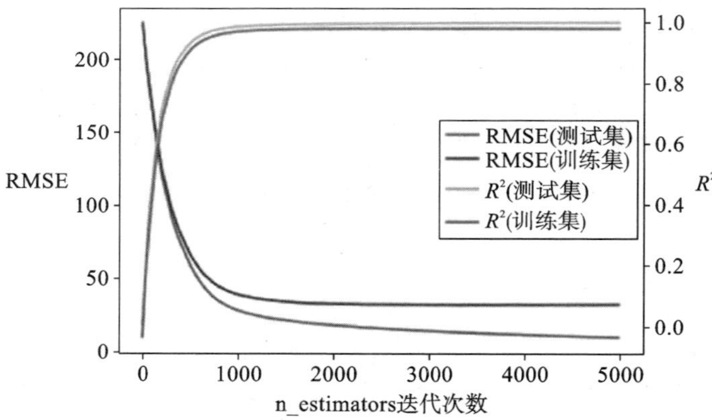

图 5-7　RMSE 和 R^2 随 n_estimators 变化的曲线图

从图 5-7 可以发现，n_estimator 为 5000 时，RMSE 最小、R^2 接近于 1，表明所构建预测模型具有较高的泛化能力。

4. 重要性排序

刀盘转速等盾构施工参数对掘进速度和地表沉降的影响是具有相互关系的，因此不能单一地对某一参数对地表沉降的影响进行定性分析，这样无法得到影响掘进速度和地表沉降的敏感因素，也无法反映盾构施工的实际情况。因此可以借用 RF 算法，以地表沉降为预测指标，来评估施工参数中的主次因素，从而合理控制掘进参数，为轨道交通盾构施工提供理论基础。

本书利用 Python 软件中 RF 算法的重要性评价功能来实现对各影响因素的重要性计算。将地表沉降作为输出变量，基于 RF 模型分别得到各个影响因素的重要性评价结果，结果如图 5-8 所示。

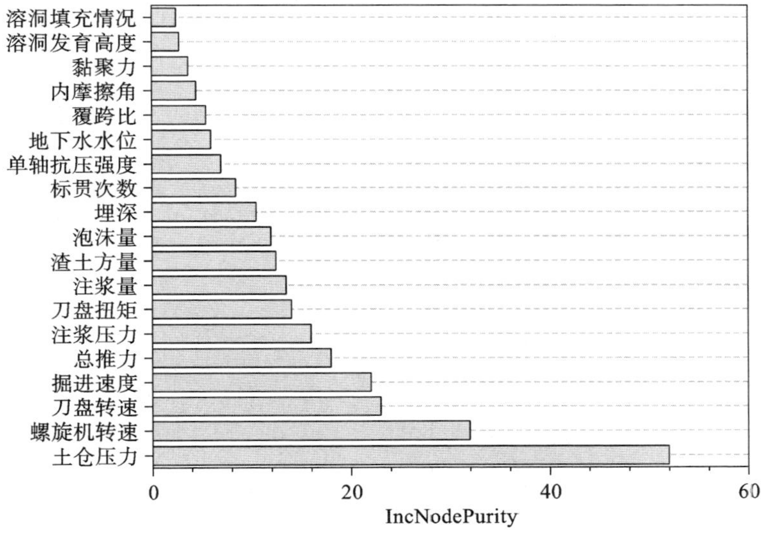

图 5-8　参数重要性排序

从图 5-8 可以发现，施工参数对地表沉降的影响主次因素为：土仓压力＞螺旋机转速＞刀盘转速＞掘进速度＞总推力＞注浆压力＞刀盘扭矩＞注浆量＞渣土方量＞泡沫量＞埋深＞标贯次数＞单轴抗压强度＞地下水水位＞覆跨比＞内摩擦角＞黏聚力＞溶洞发育高度＞溶洞填充情况。这说明土仓压力、螺旋机转速为盾构施工对地表沉降影响最大的主要因素。土仓压力过大会致使盾构机出现超挖现象，过小则会出现欠挖现象，两种现象都会造成地层不同程度变形。而在盾构始发试验段，埋深、标贯次数、单轴抗压强度、黏聚力、内摩擦角、覆跨比、溶洞发育高度、溶洞填充情况、地下水水位这 9 个参数变化幅度较小，重要性排序靠后，对预测结果的影响不大，所以本书在保证预测精度的前提下考虑剔除这 9 个参数。

5. 模型预测结果分析

本书根据 Bayesian-RF 预测模型对地表沉降预测建立训练模型并进行模型拟合预测，考虑 10 个参数（X1～X10）对预测的结果计算 MSE 和 R^2，结果如图 5-9 所示。

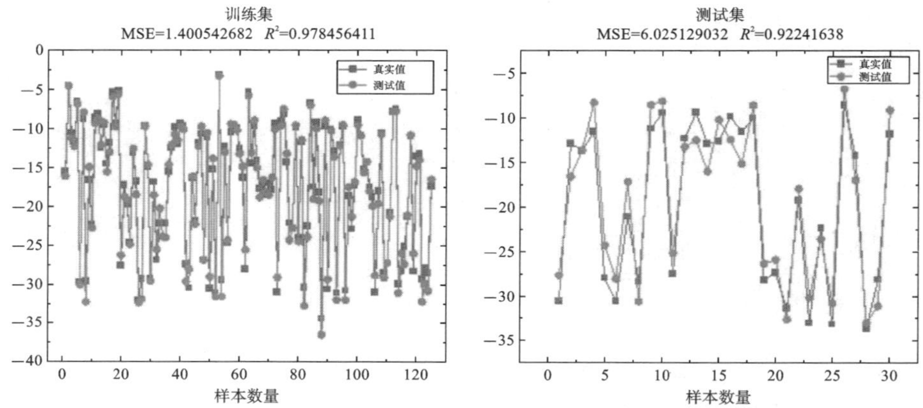

(a) 地表沉降训练集　　(b) 地表沉降测试集

图 5-9　考虑 10 个参数的地表沉降预测效果图

在预测地表沉降上，训练集得到的 MSE 为 1.400，R^2 为 0.978，测试集的 MSE 为 6.025，R^2 为 0.922。从两项指标可以看出利用 Bayesian-RF 算法构建地表沉降预测模型具有很好的预测效果，Bayesian-RF 算法通过对训练样本的训练，充分学习了盾构施工参数与地表沉降之间的关系，训练模型拟合的预测值与地表沉降实际值之间误差较小。

6. 不同智能算法预测结果比较

为了验证 RF 模型的预测精度以及用 RF 非线性预测回归函数作为适应度函数的合理性，本书将 RF 和梯度提升决策树（GBDT）、反向传播神经网络（BPNN）以及支持向量机（SVM）这三种机器学习算法进行对比以进一步展现 RF 的优势。四种预测模型得到预测的 MSE 和 R^2 如表 5-2 所示。

表 5-2　不同算法的地表沉降预测结果对比

预测方法(RF)	MSE	R^2
随机森林(GBDT)	0.019	0.934
梯度提升决策树(BPNN)	0.029	0.861
反向传播神经网络(SVM)	0.039	0.814
支持向量机	0.035	0.869

可以看出，在四种预测模型中，RF 模型预测精度最高，具备预测的优越性。

5.4.2　基于数据驱动混合智能算法的盾构施工参数多目标优化

1. 目标函数的建立

利用 RF 算法得知地表沉降和盾构施工参数之间的关系后，把地表沉降绝对值最小函数 f_1 作为多目标优化目标函数，根据经验公式分别得到刀盘磨损的目标函数 f_2 和盾构能耗的目标函数 f_3，根据公式(5.21)获得包含不同优化目标的目标函数：

$$\begin{cases} f_1 = \min\left|\mathrm{RF}(X_1, X_2, X_3, \cdots, X_{10})\right| \\ f_2 = \min[\delta(X_1, X_3, X_6, X_{10})] \\ f_3 = \min[E(X_1, X_3, X_6, X_{10})] \end{cases} \tag{5.21}$$

式中，$X_1 \sim X_{10}$ 分别为参数 X1～X10，即刀盘转速、螺旋机转速、总推力、注浆压力、注浆量、刀盘扭矩、土仓压力、渣土方量、泡沫量、掘进速度对应的值。

2. 多目标优化的约束条件

在使用 NSGA-Ⅲ 为盾构施工参数找到最佳解决方案时，首先需要有初始数据即种群。为避免优化的盾构施工参数结果与盾构机的工程实际参数相差过大造成参数调节跨度大而出现安全隐患，选择土压平衡盾构型号CTE6440H-1260的相关施工参数作为合理取值范围，如表5-3所示。

表5-3 盾构施工参数合理范围

	施工参数	数值范围		单位
		最小值	最大值	
参数类型	刀盘转速(X1)	0	3	r/min
	螺旋机转速(X2)	0	21	r/min
	总推力(X3)	0	42575	kN
	注浆压力(X4)	0	5	bar
	注浆量(X5)	0	20	m^3
	刀盘扭矩(X6)	0	10000	kN·m
	土仓压力(X7)	0	3	bar
	渣土方量(X8)	0	385	m^3
	泡沫量(X9)	0	300	L
	掘进速度(X10)	0	80	mm/min

本书以表5-3所示的合理参数范围为主要参考来设定初始参数数值的范围，具体表示如下：

$$\text{s.t.}\begin{cases}0\leqslant X_1\leqslant 3\\0\leqslant X_2\leqslant 21\\0\leqslant X_3\leqslant 42575\\0\leqslant X_4\leqslant 5\\0\leqslant X_5\leqslant 20\\0\leqslant X_6\leqslant 10000\\0\leqslant X_7\leqslant 3\\0\leqslant X_8\leqslant 385\\0\leqslant X_9\leqslant 300\\0\leqslant X_{10}\leqslant 80\end{cases}$$

3. 获取最优盾构施工参数控制范围

本书以地表沉降、刀盘磨损和盾构能耗为 3 个优化目标，将 Bayesian-RF-NSGA-Ⅲ的种群类型设为双向量，将遗传算法的目标数量定为 3 个，种群规模设定为 200，最大迭代数为 10，确定以上参数设置后按照 NSGA-Ⅲ的步骤进行多目标优化，得到帕累托最优解集，如图 5-10 所示，共包含 62 对最优解，其中部分数据分布如表 5-4 所示。

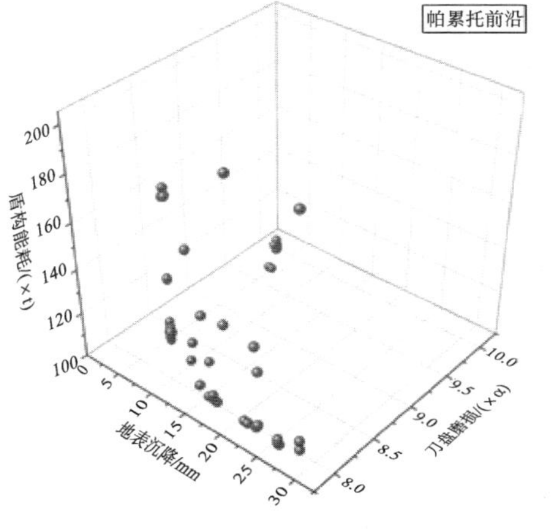

图 5-10 多目标优化帕累托前沿

表 5-4 部分帕累托最优解集

序号	X1/(r/min)	X2/(r/min)	X3/kN	X4/bar	X5/m³	X6/(kN·m)	X7/bar	X8/m³	X9/L	X10/(mm/min)	f1/mm	f2/(×α)	f3/(×t)
1	1.49	7.42	12244	1.51	5.99	1402	1.79	55.01	48.12	47.95	4.47	9.85	108.10
2	1.31	9.31	9687	1.71	5.28	1814	0.73	54.80	42.70	52.97	22.71	7.94	139.66
3	1.31	10.06	8863	1.72	5.09	1468	0.62	48.97	40.75	49.85	6.01	8.30	106.68
4	1.31	11.90	8885	2.32	7.66	1469	0.60	69.74	43.62	54.30	28.70	7.93	109.13
5	1.32	10.57	9552	1.73	5.07	1768	1.48	62.14	56.33	48.51	5.00	8.38	127.89
6	1.34	7.94	8788	2.20	5.26	1208	1.57	58.36	68.99	49.78	5.72	8.32	103.25
7	1.31	6.21	8934	2.38	5.16	1288	1.51	54.72	45.70	53.09	23.08	7.94	104.87
8	1.33	12.77	8663	1.91	5.28	1244	1.75	59.26	60.61	48.00	4.75	8.38	102.62

续表

序号	X1/(r/min)	X2/(r/min)	X3/kN	X4/bar	X5/m^3	X6/(kN·m)	X7/bar	X8/m^3	X9/L	X10/(mm/min)	f1/mm	f2/(×α)	f3/(×t)
9	1.34	12.76	8793	1.89	5.76	2226	0.77	62.23	60.11	48.45	5.42	8.37	165.96
10	1.31	9.38	8883	1.55	5.18	2809	0.62	54.83	43.77	54.30	28.71	7.92	204.04
…	…	…	…	…	…	…	…	…	…	…	…	…	…
58	1.35	10.78	11581	2.63	6.45	1261	1.51	65.55	56.44	53.03	22.42	7.97	102.09
59	1.30	1.40	11590	1.59	5.08	1236	1.80	52.27	77.27	52.89	17.05	7.97	103.03
60	1.50	7.56	12223	1.49	5.19	1549	1.58	55.06	42.89	47.66	4.49	9.83	110.92
61	1.32	11.34	8934	2.38	5.13	1553	1.61	55.80	40.43	48.57	4.94	8.38	107.98
62	1.34	8.17	8788	2.20	5.77	1277	0.78	62.18	59.93	49.78	5.97	8.31	104.23

将多目标优化结果最优解与盾构施工实际数据进行对比，如表5-5所示。可以看出，在盾构施工参数与最优解的施工参数基本一致的情况下，地表沉降、刀盘磨损和盾构能耗也基本一致，这就验证了多目标优化结果的可参考性，因此，为减少盾构施工过程的地表沉降、刀盘磨损及盾构能耗，可以将最优解的盾构施工参数作为参考值，指导岩溶地区的盾构施工。

表5-5　多目标优化结果最优解数据范围与实际数据对比

参数	优化结果			盾构施工实际数据		
	最小值	最大值	平均值	最小值	最大值	平均值
刀盘转速/(r/min)	1.30	1.53	1.35	1.3	2.3	1.80
螺旋机转速/(r/min)	0.45	14.49	8.63	0	17.2	7.54
总推力/kN	8020	13553	10286	8009	14928	11071.28
注浆压力/bar	1.42	2.75	1.93	1.3	4	2.55
注浆量/m^3	5.00	7.76	5.67	5	8	6.73
刀盘扭矩/(kN·m)	1208	2952.67	1484.34	1208	2994	2120.15
土仓压力/bar	0.60	1.80	1.31	0.5	1.8	1.13
渣土方量/m^3	42.00	78.92	56.08	40	80	59.19
泡沫量/L	40.43	78.49	55.57	40	80	58.64
掘进速度/(mm/min)	47.66	54.30	50.24	47.66	54.62	52.28

续表

参数	优化结果			盾构施工实际数据		
	最小值	最大值	平均值	最小值	最大值	平均值
地表沉降/mm	−28.85	−4.45	−11.13	−34.51	−3.10	−18.00
刀盘磨损/(×α)	7.92	9.85	8.47	7.87	14.52	11.20
能耗值/(×t)	100.49	204.04	115.77	159.84	335.52	196.47

本书根据上述多目标优化对盾构施工参数的统计和分析，针对轨道交通盾构隧道穿越岩溶地区的实际工况，并结合施工监测信息的反馈，综合考虑经济、技术和社会效益，以帕累托前沿优化所得参数范围作为参考，得到岩溶地区盾构施工参数设定控制范围建议值(表 5-6)，用以提高盾构机在岩溶地质条件下的适应性。

表 5-6　岩溶地区盾构施工参数控制优化范围

参数	范围
注浆量/m^3	8～12
刀盘转速/(r/min)	1.5～1.8
总推力/kN	8000～9000
注浆压力/bar	2～3
刀盘扭矩/(kN·m)	2000～3000
土仓压力/bar	0.6～1
渣土方量/m^3	55～80
泡沫剂/L	30～45
掘进速度/(mm/min)	13～28

参考以上盾构施工参数控制优化范围，在案例标段采取施工控制措施，具体如下。

(1)同步注浆量控制在 8～12 m^3 之间，并且控制好初凝时间，保证注浆效果。

(2)每环渣土方量控制在 55～80 m^3 内，出现超方部位及时进行注浆，做好地面监测。

(3)盾构施工过程中严格控制掘进参数，保证匀速、均衡、连续通过，减少盾构机对地面扰动，严格控制每环的出渣量。刀盘转速为 1.5～1.8 r/min，总推力为 8000～9000 kN，刀盘扭矩为 2000～3000 kN·m，掘进速度控制在 13～28 mm/min。

根据采取的措施，沿盾构机掘进方向每 15 m 设 1 点，每 60 m 设置 1 个横断面，横断面点间距 3～10 m，每个横断面设 9～11 个地表沉降监测点，由密到疏布设。地表沉降监测点标志一般采用带保护井的螺纹钢测点标志，标志埋设要求：地表沉降监测点宜采用钻孔方式埋设，测点埋设时应钻透地表硬壳层，螺纹钢标志点直径宜为 18～22 mm，钻孔直径不宜小于 80 mm，底部将螺纹钢标志点用混凝土与周边土体固定，上部孔洞用细沙回填。记录施工一周期间内累积变形变化的监测数据，如图 5-11 所示。

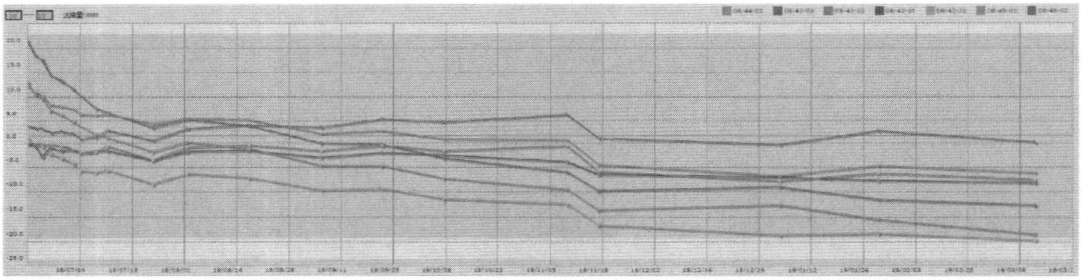

图 5-11　盾构施工参数优化后地表沉降累积变化

将盾构施工参数优化前与优化后的效果进行对比，盾构施工参数优化后地表沉降各监测项目的监测数据趋于稳定，属于安全可控状态。优化前地表沉降超限率为 7.84%，优化后地表沉降超限率为 0，说明盾构施工参数控制优化后地表沉降得到了有效的控制。

4. 其他典型地质条件下盾构施工参数优化范围

基于同样的智能算法分析和工程实践，本书提出以下几种典型情况下盾构施工参数优化范围。

(1)端头玻璃纤维筋磨桩掘进。

盾构施工开始，首先掘进 1 m 玻璃纤维筋 C30 混凝土桩。为避免盾构机刀盘扰动造成地面沉降过大、大块混凝土进入土仓产生堆积、小块混凝土堵塞泡沫等不利情况发生，具体设定参数如下：

①刀盘转速：0.7～1.5 r/min；

②刀盘扭矩：1000～1300 kN·m；

③推进油缸总推力：3000～8000 kN；

④掘进速度：5～15 mm/min；

⑤螺旋机转速 4～5 r/min；

⑥土仓压力：0.1 bar。

建议采用参数见表 5-7。

表 5-7　端头玻璃纤维筋磨桩盾构施工参数控制优化范围

掘进速度 /(mm/min)	推力/kN	刀盘转速 /(r/min)	刀盘扭矩 /(kN·m)	螺旋机转速 /(r/min)	土仓压力 /bar
5～13	5000～8000	0.8～1.3	1000～1200	4～4.5	0.1

(2)开始进入全断面石灰岩地质掘进。

盾构机磨桩完成后进入全断面石灰岩，根据前期始发端头钻孔取芯已知全断面石灰岩单轴抗压强度为 89 MPa，为减小盾构机刀具磨损，具体设定参数如下：

①刀盘转速：0.8～1.3 r/min；

②刀盘扭矩：1000～3000 kN·m；

③推进油缸总推力：8000～10000 kN；

④掘进速度：5～15 mm/min；

⑤螺旋机转速：4～5 r/min；

⑥土仓压力：0.2～0.5 bar。

建议采用参数见表 5-8。

表 5-8　开始进入全断面石灰岩地质盾构施工参数控制优化范围

掘进速度 /(mm/min)	推力/kN	刀盘转速 /(r/min)	刀盘扭矩 /(kN·m)	螺旋机转速 /(r/min)	土仓压力 /bar
8～15	8500～10000	0.8～1.2	1500～2500	4.5～5	0.2～0.4

(3)地面加固型溶洞地质条件掘进。

盾构穿越溶洞前，提前进行加固，并进行钻孔取芯，强度满足要求后才能施工。为保证盾构安全穿越溶洞及隧道管片质量达标，具体设定掘进参数如下：

①刀盘转速：1.7 r/min；

②刀盘扭矩：2000～3000 kN·m；

③推进油缸总推力：8000～9000 kN；

④掘进速度：10～30 mm/min；

⑤螺旋机转速：4～5 r/min；

⑥土仓压力：0.6～1 bar；

⑦出土量：每环出土重量控制在 140 t 内，每环出土方量控制在 70 m^3 内。

⑧同步注浆：注浆量 7～9 m^3，顶部注浆压力控制在 1.0～3.0 bar，底部注浆压力控制在 1.0～3.1 bar。

建议采用参数见表 5-9。

表 5-9 地面加固型溶洞地质条件盾构施工参数控制优化范围

掘进速度/(mm/min)	推力/kN	刀盘转速/(r/min)	刀盘扭矩/(kN·m)	螺旋机转速/(r/min)	土仓压力/bar
15～25	8000～8500	1.5～1.8	2000～3000	4～5	0.6～1

(4)未知溶洞地质条件掘进。

补勘及盾构机探测系统未发现溶洞，但在实际施工过程中，渣样发生变化，且盾构机参数突变，可能遇到未探测到的溶洞，针对此问题采取措施为快速通过，加大同步注浆及二次注浆，穿越后再对地面进行加固处理，具体设定掘进参数如下：

①刀盘转速：1.7 r/min；

②刀盘扭矩：2000～3000 kN·m；

③推进油缸总推力：8000～9000 kN；

④掘进速度：20～50 mm/min；

⑤螺旋机转速：4～5 r/min；

⑥土仓压力：0.8～1.5 bar；

⑦出土量：每环出土重量控制在 140 t 内，每环出土方量控制在 70 m^3 内；

⑧同步注浆：注浆量 10～15 m^3，顶部注浆压力控制在 1.0～2.0 bar，底部注浆压力控制在 1.0～2.1 bar。

案例标段存在承压水，并且盾构机处于 19.5‰的下坡，管片上浮及防喷涌是该段难点。针对这种情况，应优化同步注浆配比，增加浆液黏稠度(100～110 mm)，缩短浆液初凝时间(宜为 4 小时)，在逐步建立土压的同时控制同步注浆压力，避免同步注浆压力过大，浆液注入土仓。渣土改良方面，泡沫原液比例为 3%、发泡倍率 13，加大中心区域泡沫流量至 450～600 L/min，并且在泡沫原液中按 5%比例添加高分子聚合物，避免螺旋机涌水。同时，及时进行二次注浆，每掘进 10 环做一次止水环。

建议采用参数见表 5-10。

表 5-10　未知溶洞地质条件盾构施工参数控制优化范围

掘进速度/(mm/min)	推力/kN	刀盘转速/(r/min)	刀盘扭矩/(kN·m)	螺旋机转速/(r/min)	土仓压力/bar
20～35	8000～8500	1.4～1.8	2000～2800	4～5	0.8～1.2

(5)全断面灰岩地质条件正常掘进。

盾构机刀盘进入全断面灰岩层后，推力逐渐增大，掘进速度稍有降低，具体设定参数如下：

①刀盘转速：1.5～1.8 r/min；

②刀盘扭矩：2000～3000 kN·m；

③推进油缸总推力：12000～14000 kN；

④掘进速度：10～20 mm/min；

⑤螺旋机转速：1～2 r/min；

⑥土仓压力：0.6～0.9 bar；

⑦出土量：每环出土重量控制在 160 t 内，每环出土方量控制在 70 m^3 内；

⑧同步注浆：注浆量 7 m^3，顶部注浆压力控制在 1.0～1.5.0 bar，底部注浆压力控制在 1.1～2.1 bar。

建议采用参数见表 5-11。

表 5-11 全断面灰岩地质条件盾构施工参数控制优化范围

掘进速度/(mm/min)	推力/kN	刀盘转速/(r/min)	刀盘扭矩/(kN·m)	螺旋机转速/(r/min)	土仓压力/bar
10～20	13000～14000	1.5～1.8	2500～3000	1～2	0.6～0.8

6 基于数据驱动智能算法（Bayesian-LGBM）的盾构姿态预测与控制

盾构法在城市轨道交通施工中得到了广泛应用，而如何有效控制盾构姿态以避免盾构轴线偏离、蛇形、前倾等，是盾构施工控制的重要问题。因此，本书提出了一种基于数据驱动智能算法（Bayesian-LGBM）的盾构姿态智能预测方法，为实现对盾构姿态的控制提供支持。该方法首先采用盾构机水平方向位移、垂直方向位移等 6 个参数表达盾构姿态，选取土仓压力、千斤顶推力、刀盘扭矩等 24 个对盾构姿态影响较大的参数作为输入指标；然后，利用盾构机机理分析和小波降噪对数据异常值进行剔除，并且采用 Bayesian-LGBM 预测模型对盾构姿态进行预测；最后，通过调整重要施工参数并反复迭代预测，实现盾构姿态控制。本书以贵阳市轨道交通 3 号线 7 标段部分工程为例，验证了该方法的有效性，结果表明：Bayesian-LGBM 算法对盾构姿态的预测良好，六个预测目标的拟合优度 R^2 在 0.961 到 0.985 之间；得到影响盾构姿态因素的重要性排序，有利于明确施工参数控制重点因素；基于 Bayesian-LGBM 预测模型对盾构施工参数进行不断调整，可以实现盾构施工过程中盾构姿态的有效控制。所以本书提出的基于 Bayesian-LGBM 的盾构姿态预测方法可为实际盾构施工中的盾构姿态控制提供参考。

6.1 盾构姿态及其影响因素

6.1.1 盾构姿态

图 6-1 为盾构姿态参数示意图，为了确保盾构机以良好的姿态在地下

空间进行开挖，需要对描述盾构姿态和位置的 6 个参数，即盾构机切口水平方向位移（HDSH）、盾构机切口垂直方向位移（VDSH）、盾构机尾部水平方向位移（HDST）、盾构机尾部垂直方向位移（VDST）、俯仰姿态角（Pitch）和水平姿态角（Roll）进行精确的测量。虽然人工测量的成本较低，但其效率和精度较低，而高效、高精度的自动导向逐渐成为主流方法，例如 VMT 公司生产的导向系统，就广泛应用于全球的盾构施工中。图 6-2、图 6-3 为盾构机 VMT 导航系统屏幕截图。

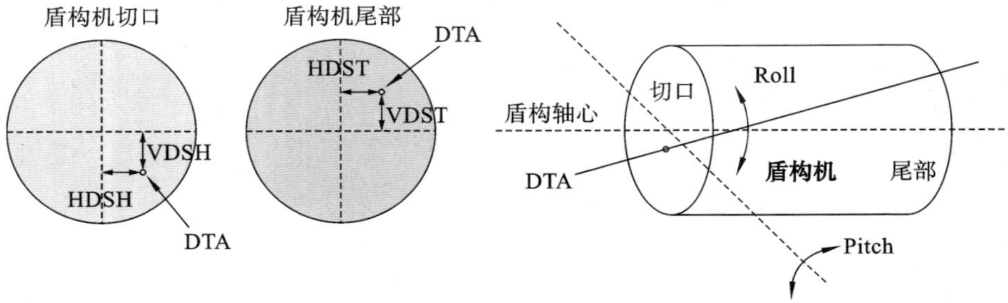

图 6-1　盾构姿态参数示意图

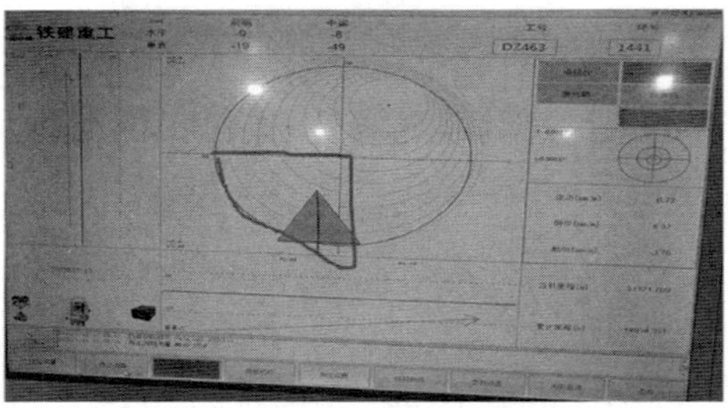

图 6-2　盾构机 VMT 导航系统屏幕截图 1

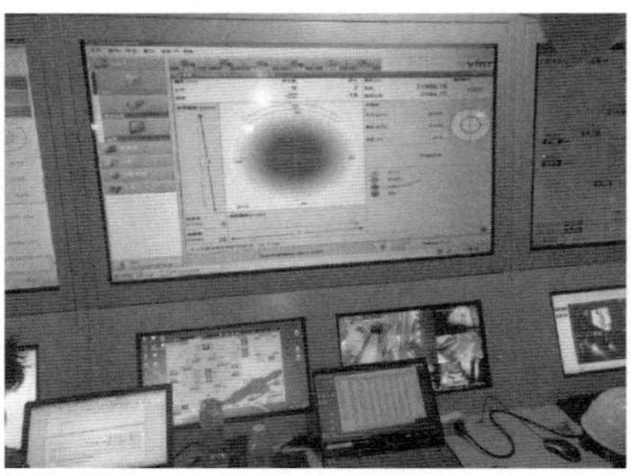

图 6-3　盾构机 VMT 导航系统屏幕截图 2

6.1.2 盾构姿态影响因素

为了保证盾构施工的质量，有必要对盾构姿态进行控制。然而在工程实践中，盾构受开挖面扰动、质量变化等外部因素影响，都会不可避免地偏离轴线。在人工调节过程中，也很容易出现偏差。因此，进行盾构姿态预测以及提升预测精度有利于盾构姿态偏差调整和控制。千斤顶推力、盾尾间隙、土仓压力等因素也会影响盾构姿态。在千斤顶推力方面，许多不同类型的掘进项目因为推力的设计有误都出现了推力不足的问题。因此，Ates 等基于不同盾构机推力和扭矩要求提出了一种预测方法，能够有效地控制盾构姿态质量。Yue 提出了全长掘进所需的推力-液压控制系统。在盾尾间隙方面，如果节段外表面与尾刷间隙不够，盾构机会在前进时挤出节段，造成盾构片错位，甚至产生裂纹。因此，Blom 和 Zhang 建立了考虑千斤顶压力、注浆压力和土压力的三维模型，并分析了管片缺陷对装配应力的影响。在土仓压力方面，土体应力状态的变化必将引起土体位移，当位移超过一定范围时，会危及整个地下结构和周围建筑物。Sramoon 利用作用于盾构机上的荷载模型模拟了盾构机的受力特征，分析了可能影响施工现场盾构性能的要素，发现了土压力对盾构俯仰力的影响。除此之外，还有诸多因素会影响盾构姿态。有的因素之间可能存在耦合关系，不相关的因素也可能会降低盾构姿态预测准确性。因此，为了提高盾构姿态预测准确性，必须有效地消除不重要因素和冗余因素。

6.1.3 盾构姿态预测

为了使盾构机能够沿设计隧道中心轴作业，有必要对盾构姿态进行准确测量。通常采用两种方法预测盾构姿态：经验公式法和数值模拟法。在经验公式方面，Liu 建立了盾构姿态的动态数学模型，为盾构姿态和轨迹跟踪控制奠定了基础。Sugimoto 建立了开挖过程中作用在盾构机上的理论动载荷模型和动态平衡条件，并验证了所提出的模型能够合理地预测盾构姿态。Festa 建立了一个可以量化隧道盾构机在软土层中驱动引起的径向土位移模型。以上经验方法虽然在应用过程中非常方便快捷，但是由于实际施工情况的复杂和多样化，经验方法不能根据具体情况灵活变化，难以实现不同情况下盾构姿态的精确控制。

在数值模拟方面，Sun 在隧道开挖过程中获得了大量的运行数据，实现了盾构机载荷的动态预测。Sugimoto 提出了运动学盾构模型，以模拟基于平衡条件的开挖过程中的盾构行为，同时考虑了盾构周围的地面位移。Sun 采用有限元法模拟盾构机整流过程，探讨了不同土体参数和埋深对整流力矩的影响规律。上述方法虽然对盾构姿态的预测和控制做出了一定的贡献，但是模型试验存在成本高、时间长等缺点，也存在假设多、考虑的因素有限、不能动态实时地计算分析等缺点，导致盾构姿态分析和预测的准确性较低。

近年来，随着计算机技术的快速发展，许多具有良好泛化性能的算法被广泛应用于盾构姿态预测，能够有效克服传统方法的缺点。Zhou 提出了包含小波变换噪声滤波器、卷积神经网络特征提取器和长短期记忆预测器的框架，用于预测盾构姿态和位置。Mahdevari 开发了一种基于 SVM 算法的动态模型，用于预测隧道中的地表沉降。Wan 提出了基于驱动数据的轴姿态偏差修正方法构建的 XGBoost 预测模型。Zhou 通过应用混合深度学习模型，为盾构隧道提供了一个具有时间序列的预测框架，用于预测盾构的位置和姿态。Gao 采用传统循环神经网络、长短期记忆网络和门控循环单元网络 3 种递归神经网络来处理原位运行的隧道掘进机运行参数，实现了盾构姿态的实时预测。以上研究都对盾构姿态的测量和预测做出了贡献，然而 LGBM 比上述机器学习法预测更有效，可以防止预测系统过度拟合且不受高维数据影响，克服了以上方法存在的一些缺陷，如容易陷入局部最优、没有分析主要影响参数等。

6.2 基于智能算法的盾构姿态预测与控制流程框架

为了更快速、有效、准确地预测和控制盾构的水平趋势、垂直趋势和俯仰姿态角，本书建立了基于 Bayesian-LGBM 的岩溶盾构姿态预测与控制流程，其框架如图 6-4 所示。首先，根据实践和相关文献，初步确定输入指标，通过现场实时数据记录和监测获得施工数据。其次，在数据离群点处理和小波去噪的基础上，采用 Bayesian-LGBM 集成学习智能算法对输入指标进行训练和预测。然后，通过与 SVM、BPNN、RF 和 ANN 的预测结果进行比较和分析，验证预测模型的优越性和可靠性。最后，在重要性评估的基础上，不断调整盾构控制参数，并使用 Bayesian-LGBM 模型进行实时预测，以达到控制盾构姿态的目的。

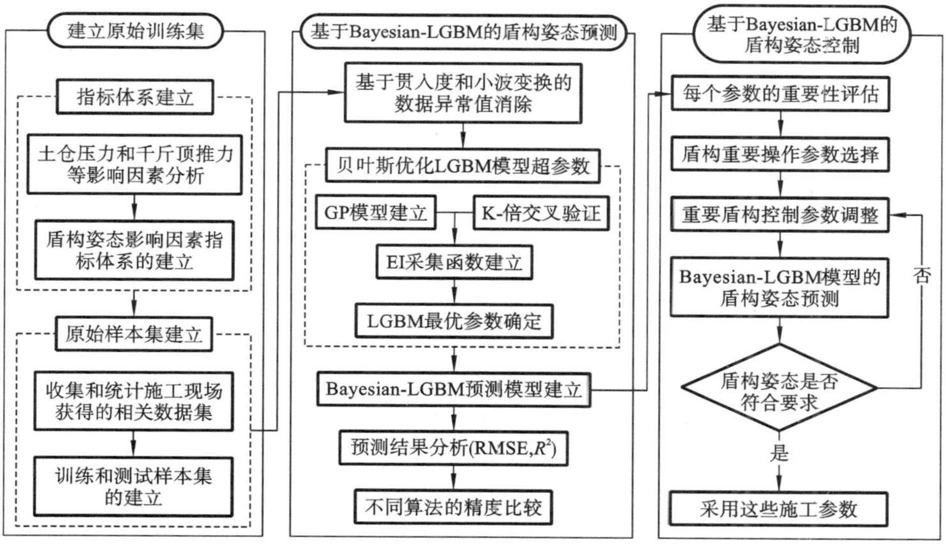

图 6-4 基于 Bayesian-LGBM 的岩溶盾构姿态预测与控制流程框架

6.2.1 数据预处理

1. 异常工作状态数据过滤

盾构机在掘进过程中有正常掘进状态和关机维护状态两种状态，其中关机维护状态下的工作包括盾构机日常维护、推进换步作业等。盾构机在关机维护状态时产生的数据几乎没有价值，所以需要滤除这些数据。

识别盾构机是否处于关机维护状态，需要判断以下四个参数，即总推力 F 、掘进速度 v 、刀盘扭矩 T 、刀盘转速 n 中是否有一个为零。本书采用二值判别函数进行判别，公式如式(6.1)所示：

$$\text{Status}=\begin{cases}\text{正常工作状态}, D=1\\ \text{异常工作状态}, D=0\end{cases} \tag{6.1}$$
$$=d(F)\cdot d(v)\cdot d(T)\cdot d(n)$$

其中

$$d(x)=\begin{cases}1, x>0\\ 0, x\leqslant 0\end{cases}$$

2. 基于异常穿透的数据过滤

由于施工现场存在强机械振动和电磁噪声等干扰，盾构机在正常掘进工作状态时也会产生部分异常数据需要剔除，以免对之后的预测工作带来偏差，保证模型的训练和预测效果。这些异常数据相较于正常数据而言，其贯入度会表现得异常大或异常小。贯入度 P 的计算公式参见式(5.1)。

3. 小波变换

小波变换是一种继承和发扬了傅里叶变换定位思想的变换分析方法，可以提供随频率变化的“时间频率”窗口，克服了窗口不随频率变化的缺点，因此可以作为信号时频分析的理想工具。小波变换通过对信号进行多尺度细化，实现了对高频段时间分段和低频段频率分段的改进。此外，小波变换的分析更专注于信号的细节，能够分析时间和频率的局部变化。小波变换的基本函数可以通过式(6.2)和式(6.3)定义：

$$\mathrm{WT}(a,b) = \frac{1}{\sqrt{a}}\int_{-\infty}^{+\infty} f(t)\psi(\frac{t-b}{a})\mathrm{d}t \tag{6.2}$$

$$\psi_{a,\tau}(t) = \frac{1}{\sqrt{a}}\psi(\frac{t-b}{a}) \tag{6.3}$$

式中，$\psi_{a,\tau}(t)$ 是母小波，a 是拉伸参数，b 是平移参数，$\frac{1}{\sqrt{a}}$ 是归一化参数。本书选取 Morlet 小波作为母小波，因为 Morlet 小波是构建小波变换与多分辨率分析之间关系的强大工具，可以很容易地获得频率分布。Morlet 小波的公式见式(6.4)：

$$\psi_{\mathrm{m}}(t) = \frac{1}{\sqrt{\pi f_b}}\exp(\mathrm{j}2\pi f_c t - \frac{t^2}{f_b}) \tag{6.4}$$

式中，f_b 和 f_c 分别是带宽和中心频率参数。

6.2.2 LGBM 智能预测算法

LGBM 的核心是直方图算法，LGBM 模型采用基于直方图的算法来减轻高维数据的影响，加快计算速度，并防止预测系统过度拟合。这种提升技术包括将连续浮点特征值转换为 1 个整数，并构建一个具有深度限制和 k 宽度的直方图形状。影响 LGBM 模型性能的主要参数是叶子数和学习率。GBDT 是一种基于决策树的迭代算法，也是一种流行的分类算法，已广泛应用于生命科学、计算机科学等领域。

LGBM 算法假设 y_i 是目标值，$\hat{y}_i$ 是预测值，t 代表叶节点数，$\Omega(f_i)$ 代表用于评估模型精度的损失函数，w 是叶节点的模型估计。LGBM 模型的目标函数如式(6.5)所示：

$$\mathrm{Obj}(t) = \sum_{i=1}^{n} l(y_i, \hat{y}_i^{(t)}) + \sum_{i=1}^{t}\Omega(f_i) \tag{6.5}$$

式中 $\Omega(f_i) = \alpha\sum_{j=1}^{t}, | w_j | + \frac{1}{2}\beta\sum_{j=1}^{t} w_j^2$，$\alpha$ 和 β 是用于控制学习过程的超

参数，w_j 是第 j 个叶节点的模型估计。将目标函数用泰勒公式展开得到式(6.6)：

$$\text{Obj}(t) \cong \sum_{i=1}^{n}\left[l(y_i,\hat{y}_i^{(t-1)}) + g_i f_t(x_i) + \frac{1}{2} h_i f_t^2(x_i)\right] + \Omega(f_t) \tag{6.6}$$

式中，$g_i = \partial_{\hat{y}_i^{(t-1)}} l(y_i,\hat{y}^{(t-1)})$；$h_i = \partial^2_{\hat{y}_i^{(t-1)}} l(y_i,\hat{y}_i^{(t-1)})$。使用 n 个样本的累积来遍历所有叶节点，得到最后的 LGBM 模型目标函数，如式(6.7)所示：

$$\text{Obj}(t) = \sum_{j=1}^{n}\left[G_j w_j + \frac{1}{2}(H_j + \lambda) w_j^2\right] \tag{6.7}$$

式中，$G_j = \sum_{i \in I_j} g_i$；$H_j = \sum_{i \in I_j} h_i$，其中 I_j是叶节点 j 的样本集。

6.2.3 贝叶斯优化 LGBM 超参数

LGBM 模型的超参数决定其预测的性能，提升 LGBM 模型的性能需要对模型参数进行优化。本书采用计算效率较高且易实现的贝叶斯优化算法对 LGBM 模型的超参数进行优化。贝叶斯优化算法的核心思想在于利用先验知识逼近未知目标函数的后验分布，然后根据分布选择下一个采样的超参数组合。

为尽量接近真实目标函数，贝叶斯算法采用高斯过程(Gaussian process,GP)处理模型。使用 GP 模型，可以绘制从选定的超参数到交叉验证中预测性能的映射，每个推断都有一个可信区间，并可通过采集函数来计算每个采样点的改善潜力。采集函数使用预期改进(EI)以实现开发和勘探之间的平衡，找出预测精度最高的参数，确定为最终的参数。预期改进可用式(6.8)表示：

$$\text{EI}(X_n) = (y_{\text{best}} - \mu(X_n))\phi\left(\frac{y_{\text{best}} - \mu(X_n)}{\sigma(X_n)}\right) + \sigma(X_n)\varphi\left(\frac{y_{\text{best}} - \mu(X_n)}{\sigma(X_n)}\right) \tag{6.8}$$

式中，$\phi(\cdot)$ 和 $\varphi(\cdot)$ 是标准高斯分布的累积分布概率和概率分布函数；y_{best} 是当前样本空间中的暂定最优值。

6.2.4 基于 LGBM 的重要性评估

LGBM 可以借用对输入指标即盾构施工参数重要程度的分析，得到指标间的重要性排序，从而使现场工作人员能够在盾构施工过程中根据指标重要程度合理安排管理工作。在决策树的分裂中，叶节点是基于 Gain 收益达到最大时进行下一步分裂的，每次节点进行分裂后的收益如式(6.9)所示：

$$G=\frac{1}{2}\left[\frac{(\sum_{i\in I_{\mathrm{L}}} g_i)^2}{\sum_{i\in I_{\mathrm{L}}} h_i+\lambda}+\frac{(\sum_{i\in I_{\mathrm{R}}} g_i)^2}{\sum_{i\in I_{\mathrm{R}}} h_i+\lambda}+\frac{(\sum_{i\in I} g_i)^2}{\sum_{i\in I} h_i+\lambda}\right] \tag{6.9}$$

式中，$I=I_{\mathrm{L}}\cup I_{\mathrm{R}}$ 是父样本集合，I_{L} 和 I_{R} 是左右分支的样本集合。因此，节点在特征 j 分类的基础上得到的总收益为特征 j 在单一树的重要程度，如式(6.10)所示：

$$\hat{J}_j^2(T)=\sum_{t=1}^{N-1} G\cdot(v_t+j) \tag{6.10}$$

式中，N 为叶节点的个数，G 为得到的总收益，v_t 表示与节点 t 有联系的特征。至此，特征 j 在树数量为 M 的情况下的整体重要性如式(6.11)所示：

$$\hat{J}_j^2=\frac{1}{M}\sum_{m=1}^{M}\hat{J}_j^2(T_m) \tag{6.11}$$

6.2.5 LGBM 预测模型的建立

1. 样本采集和数据处理

本书将 LGBM 筛选结果作为后续建模的指标体系，基于该方法，相关数据被收集和组织以形成样本数据集。由于不同变量在尺寸和属性范围方面是不同的，在建模之前，需要对初始数据进行归一化，以消除不同特征的不同数据维度的影响，降低高维度数据的影响与模型的训练难度，防止模型精度下降或过度拟合。数据预处理后，选取原始样本集的五分之四作为训练集，剩下的五分之一作为测试集。训练集用于训练 LGBM 盾构水平趋势、垂直趋势和俯仰角预测模型，测试集用于测试 LGBM 盾构水平趋势、垂直趋势和俯仰角预测模型的泛化性能和预测精度。

2. 基于 Bayesian-LGBM 的最优参数选择

对 LGBM 智能算法来说，参数取值会对最终的回归预测结果有直接的影响。为了保证预测结果的有效性，应该对模型中的重要参数进行调整。因此采用 LGBM 预测算法训练样本时，首先需要对预测模型中的重要参数进行调整。LGBM 预测模型需要调整的参数主要有两个部分。第一部分是 Bagging 框架的主要参数——弱学习器的最大迭代次数 n_estimators，其值大小对 LGBM 模型的预测性能有直接影响。第二部分是决策树的两个重要参数，第一个参数是 num_leaves，即每棵决策树的叶子数量，其主要作用是控制树模型的复杂程度。当叶子数量一致时，由于采用 leaf-wise 生长策略的树要远远深过采用 level-wise 生长策略的树，这样极易导致过拟合现象的发生。因此 num_leaves 的取值应小于 2^(depth)。第二个参数是最大深度 max_depth，用于对树模型进行控制。该参数的设置范围会对树模型的建立产生影响，进而影响模型的回归拟合性能。

3. 预测精度评价

在完成 LGBM 参数选取和重要性评价分析之后，LGBM 预测模型已经构建完毕。将已有数据分为训练集和测试集输入 LGBM 预测模型进行训练预测，将预测结果进行可视化绘图，得到模型拟合图和预测图。选用均方误差（RMSE）、拟合优度（ R^2 ）等参数来评判模型的预测精度，表达式如式（6.12）和式（6.13）所示：

$$\mathrm{RMSE}=\sqrt{\frac{\sum_{i=1}^{n}\left(y^{\mathrm{obs}}-y^{\mathrm{pred}}\right)^{2}}{n}} \tag{6.12}$$

$$R^{2}=1-\frac{\sum_{i=1}^{n}\left(y^{\mathrm{obs}}-y^{\mathrm{pred}}\right)^{2}}{\sum_{i=1}^{n}\left(y^{\mathrm{obs}}-\overline{y}^{\mathrm{obs}}\right)^{2}} \tag{6.13}$$

6.3 案例研究

6.3.1 工程背景

本章仍以贵阳市轨道交通3号线四方河路站至皂角井站区间为研究案例。四皂区间隧道主要穿越地层为中风化白云岩，抗压强度为45～78 MPa，区间钻孔67个，见溶洞的钻孔14个（直径都大于1 m），钻孔见洞率为20.9%，其中2个溶洞充填率较大，溶洞充填物为软塑至可塑状黏土，局部微含碎石。该区间岩溶裂隙发育极不均一，白云岩局部隔水又局部含水，水文地质复杂。在这样的岩溶地区和复合地层中掘进使盾构控制变得复杂。一方面，施工困难使得引入新技术来控制盾构姿态和位置很有必要；另一方面，这些困难给盾构姿态和位置的预测带来了相当大的挑战。如果本书提出的方法能够在该项目中取得积极的成果，那么该方法也可以运用到其他隧道盾构施工中。轨道交通盾构施工过程是极其复杂的，考虑到四皂区间的围岩和周围环境复杂，对控制盾构姿态和位置提出了很高的要求，本书将盾构机切口水平方向位移、盾构机切口垂直方向位移、盾构机尾部水平方向位移、盾构机尾部垂直方向位移、俯仰姿态角以及水平姿态角6个变量作为LGBM的预测对象。图6-5为隧道盾构施工现场照片。

6.3.2 输入参数选择和数据采集

在盾构施工中，盾构机偏离设计轴是一个常见问题，而盾构姿态受到盾构掘进参数的影响最大，因此可将盾构参数作为输入参数来对盾构姿态进行预测。盾构参数是根据岩溶地质条件、土压平衡盾构机的工作特性、大量实践经验及相关参考文献选择的。土压平衡盾构机的刀盘转速增大会导致

图 6-5　隧道盾构施工现场照片

土体的扰动也增大,因此会影响盾构姿态。总推力是盾构机运行的重要参数,随着总推力的增大,盾构机对土体的扰动会增大,这样也会对盾构姿态造成影响。合理的注浆压力和注浆量可以保持周围土体的稳定,减少盾构姿态的改变。切割机头是 TBM 机器最重要的部件之一,成功的 TBM 隧道设计要求对切割机头设计进行优化以适应地面条件。土仓压力的不平衡是造成地下隧道工程施工中地面变形和严重事故的直接因素。为了保证盾构隧道的安全,防止地面变形,提出有效的控制方法实现对土仓压力的精确控制,具有十分重要的意义。

因此,根据专家经验、相关文献和大量实际工程经验,本书提出了一个包含 24 个盾构参数的输入指标体系,如表 6-1 所示,这些参数分别为土仓压力-上(X1)、土仓压力-下(X2)、土仓压力-左(X3)、土仓压力-右(X4)、螺旋机转速(X5)、千斤顶推力-上(X6)、千斤顶推力-下(X7)、千斤顶推力-左(X8)、千斤顶推力-右(X9)、刀盘转速(X10)、刀盘扭矩(X11)、掘进速度(X12)、注浆压力(X13)、总推力(X14)、铰接行程(X15)、铰接偏差-水平(X16)、铰接偏差-垂直(X17)、盾尾间隙-上(X18)、盾尾间隙-下(X19)、盾尾间隙-左(X20)、盾尾间隙-右(X21)、切口行程(X22)、泡沫剂(X23)、膨润土(X24)。

案例工程区间内采用土压平衡盾构机进行施工，隧道埋深和土质因素基本一致，因此只考虑盾构施工参数作为输入参数，通过现场实时数据记录和监控，得到 1041 组施工数据，表 6-1 为所得数据的汇总信息，图 6-6 和图 6-7 所示为部分参数的分布情况。

表 6-1　盾构施工数据的详细信息

类型	参数	数据			单位
		最小值	最大值	平均值	
输入	土仓压力 - 上(X1)	0.1	2.9	1.35	bar
	土仓压力 - 下(X2)	0	6.3	2.20	bar
	土仓压力 - 左(X3)	0.2	23.1	1.51	bar
	土仓压力 - 右(X4)	0.1	3.2	1.50	bar
	螺旋机转速(X5)	0	49	12.21	r/min
	千斤顶推力-上(X6)	4	300	80.09	kN
	千斤顶推力-下(X7)	1	254	121.88	kN
	千斤顶推力-左(X8)	2.19	276	135.38	kN
	千斤顶推力-右(X9)	7	995	108.81	kN
	刀盘转速(X10)	0.5	2.9	1.65	r/min
	刀盘扭矩(X11)	500	3200	2042	kN·m
	掘进速度(X12)	5	85	40.32	mm/min
	注浆压力(X13)	0.7	12.8	2.50	bar
	总推力(X14)	1164	155124	12752	kN
	铰接行程(X15)	0	87	13.91	m
	铰接偏差-水平(X16)	0	95	25.60	mm
	铰接偏差-垂直(X17)	0	85	21.16	mm

续表

类型	参数	数据			单位
		最小值	最大值	平均值	
输入	盾尾间隙-上(X18)	4	80	63.51	mm
	盾尾间隙-下(X19)	20	580	67.67	mm
	盾尾间隙-左(X20)	7	91	67.18	mm
	盾尾间隙-右(X21)	20	550	63.05	mm
	切口行程(X22)	−698.48	701.49	1.50	m
	泡沫剂(X23)	24.5	200	48.49	L
	膨润土(X24)	533	533	533	kg
输出	切口水平位移(f1)	−65	61	−2.40	mm
	切口垂直位移(f2)	−77	53	−4.77	mm
	尾部水平位移(f3)	−73	44	−26.77	mm
	尾部垂直位移(f4)	−49	78	17.39	mm
	俯仰姿态角(f5)	−28	74	−1.54	mm/m
	水平姿态角(f6)	−15	21.6	−1.11	mm/m

从图 6-7(a)和图 6-7(b)可以看出，盾构机切口水平方向位移和盾构机切口垂直方向位移有着较为明显的正相关关系：在 0～137 环上升，在 138～215 环下降，在 216～384 环上升，在 385～506 环下降，在 507～1041 环持续上升。此外，比较图 6-6(f)和图 6-7(e)可以发现，掘进速度和俯仰姿态角有着较为明显的负相关关系：当掘进速度在 0～922 环逐渐增加时，俯仰姿态角逐渐下降；当掘进速度在 923～1041 环逐渐降低时，俯仰姿态角逐渐增加。数据规律和 Zhou 等的研究结果相似，说明获得了较为良好的数据集。

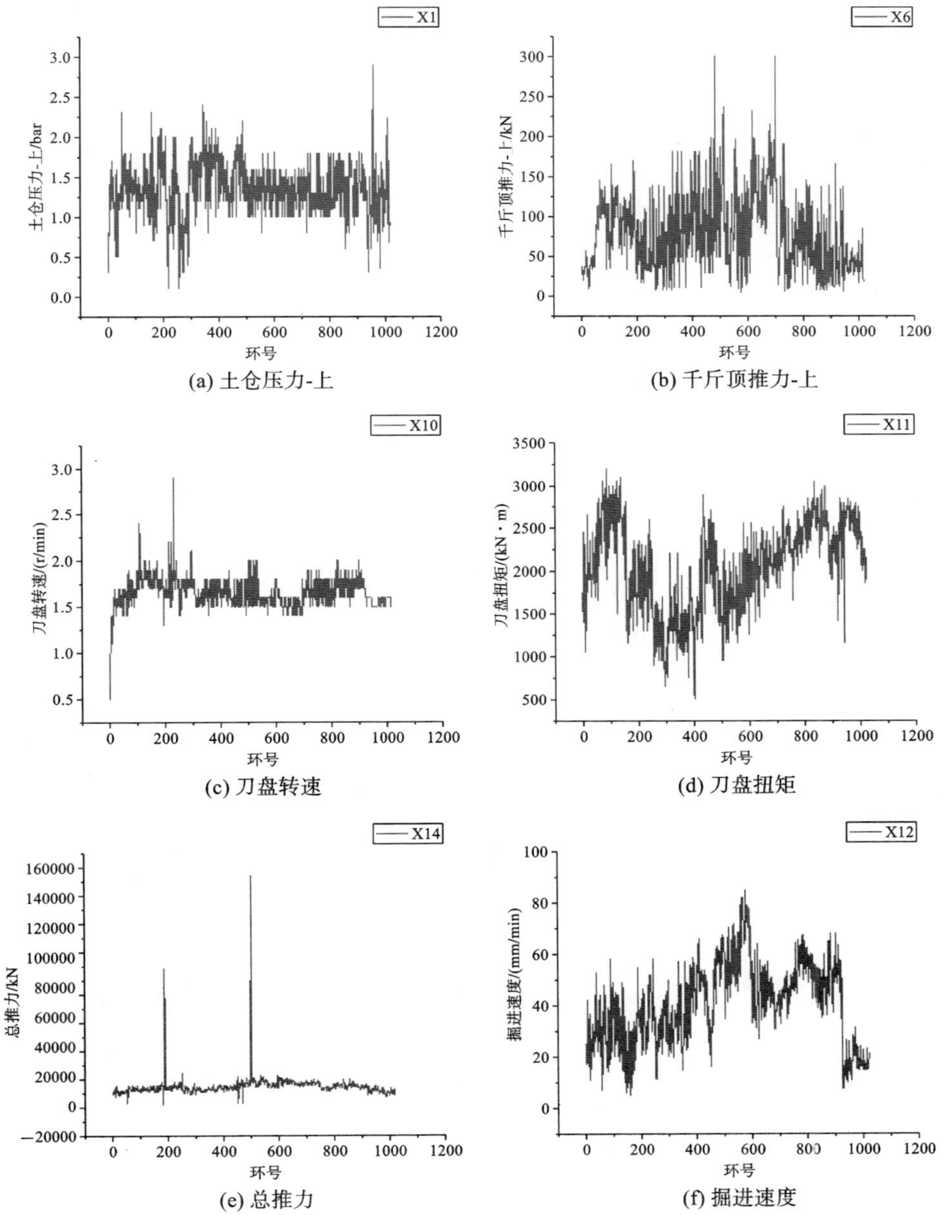

图 6-6 部分输入参数分布情况

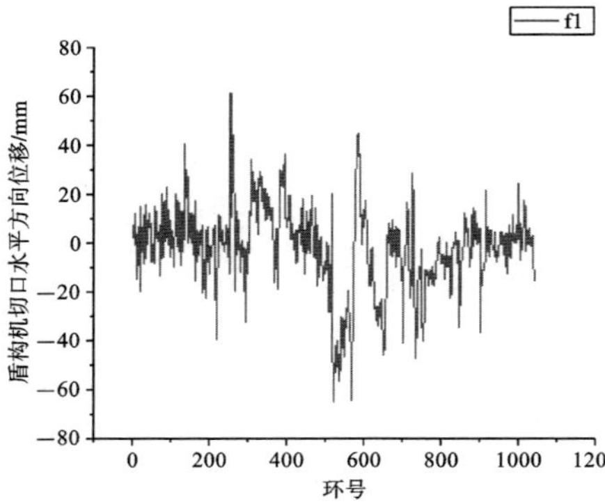

(a) 盾构机切口水平方向位移

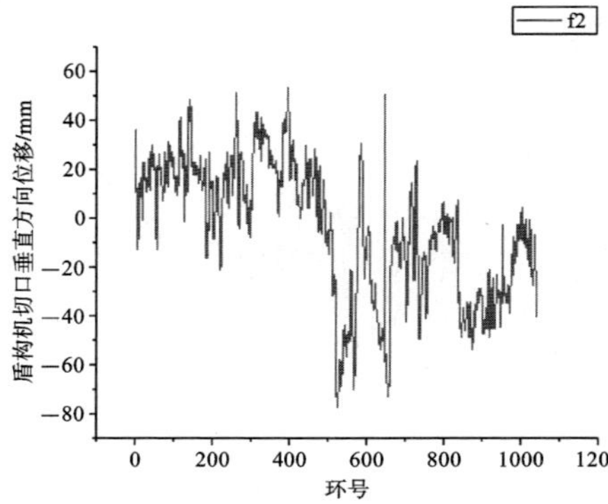

(b) 盾构机切口垂直方向位移

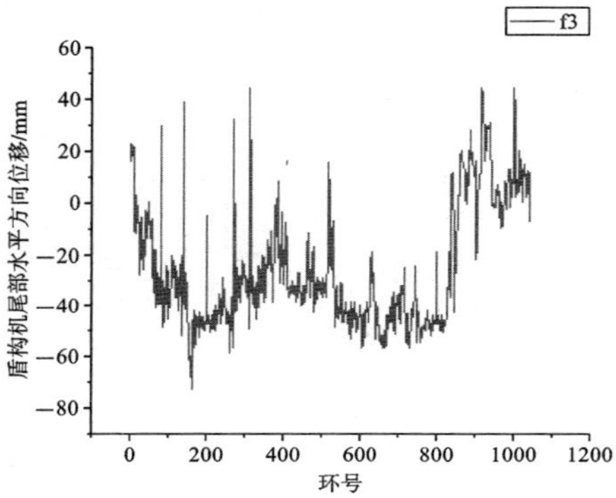

(c) 盾构机尾部水平方向位移

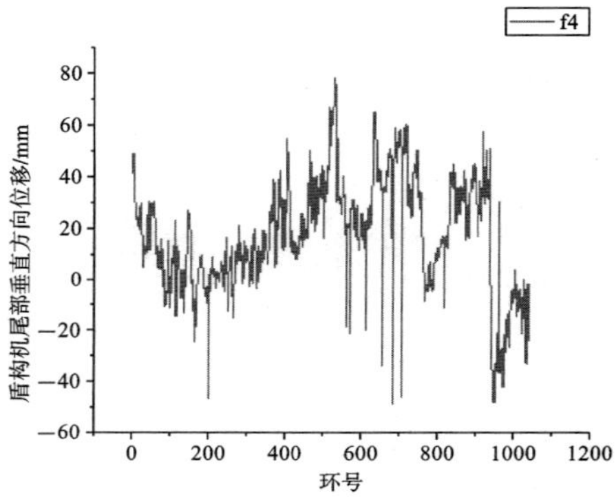

(d) 盾构机尾部垂直方向位移

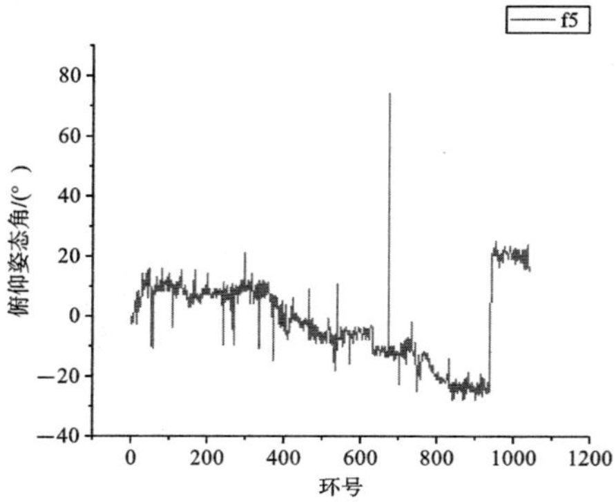

(e) 俯仰姿态角

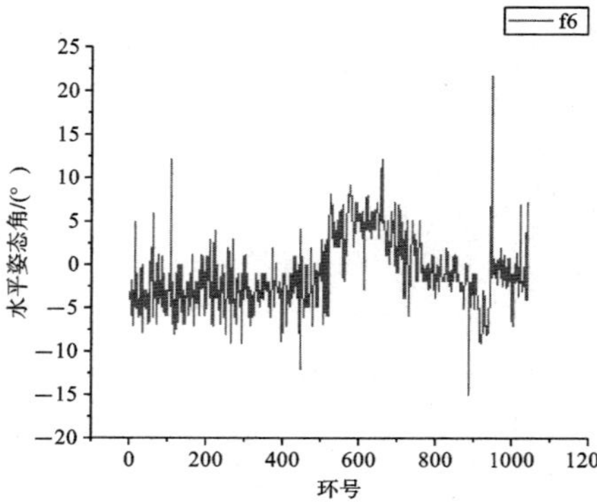

(f) 水平姿态角

图 6-7　输出参数分布情况

6.3.3 数据预处理

1. 数据清洗

在剔除了异常工作状态的数据之后，本书根据贯入度的公式，计算出盾构机正常掘进状态下的贯入度，其范围为 2.78～53.13 mm/r。并且将贯入度的大小进行统计，得到贯入度的分布情况如图 6-8 所示，其中 N 为数据个数，S 为数据个数占比。由于数据较为分散，本书将贯入度 P 约为整数后进行统计，从图 6-8 中可以看出贯入度的分布类似于正态分布，均值为 24.56 mm/r。贯入度为 2.78～46.56 mm/r 的数据占 99%，因此结合以上结果和工程实际，考虑剔除贯入度大于 40.67 mm/r 的数据(占比为 3%)。

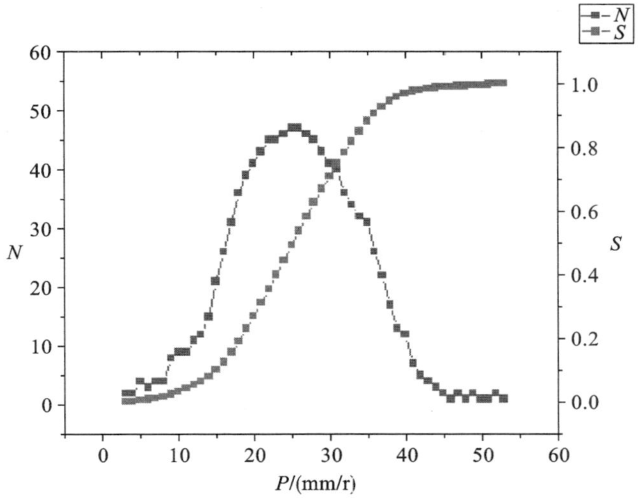

图 6-8 数据集中贯入度的分布情况

2. 小波降噪

盾构机正常掘进状态阶段由起始掘进段与平稳掘进段两个部分组成，以掘进段环号为 1～500 的数据为例，绘制土仓压力-上随环号变化的关系，如图 6-9 所示。从图中可以看出，土仓压力-上在不同的环号处出现尖峰，这些尖峰是由于在按环号进行分组时混入了盾构机起始掘进段的数据而产生的。盾构机在起始掘进段处于不稳定的状态，产生的数据不具有价值，并且产生的尖峰会对数据分析造成干扰。因此，本书使用小波变换对原始数据进行降噪，将起始掘进段数据去除，降噪后结果如图 6-10 所示。

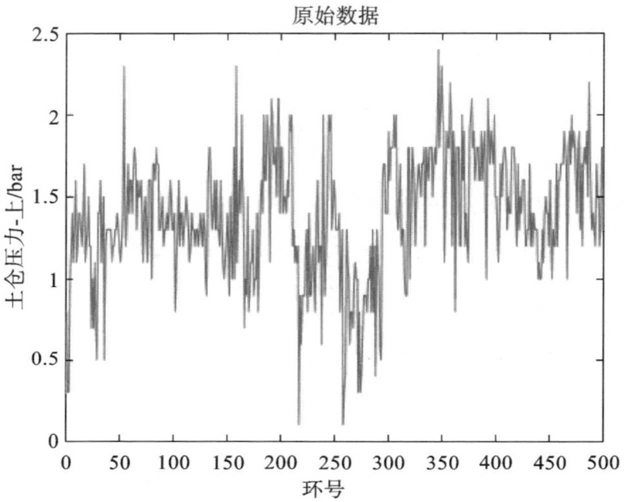

图 6-9　土仓压力-上原始数据

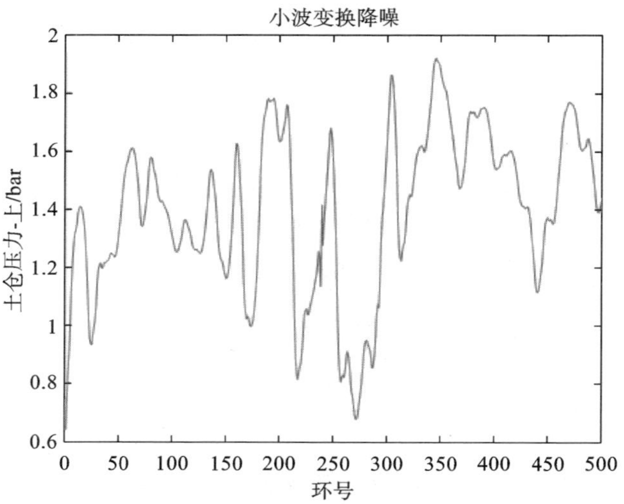

图 6-10　降噪后土仓压力-上数据

6.3.4 基于 Bayesian-LGBM 的盾构姿态预测

1. LGBM 算法最优参数确定

LGBM 算法的参数设置会直接影响模型的预测性能，因此首先需要对模型重要参数进行调整，本书调整的超参数及其相关含义见表 6-2。

表 6-2 LGBM 模型超参数信息

序号	超参数	描述	类型	范围
1	learning_rate	控制收缩；值越小，迭代步骤越少	double	≥0
2	num_iterations	迭代次数	int	>0
3	max_depth	控制决策树模型的最大深度	int	Case based
4	num_leaves	控制决策树中 leaf 的最大数量	int	1～131072
5	max_bin	控制直方图中的数据间隔	int	1～255
6	min_data_in_leaf	leaf 中的最小数据数	int	≥0
7	feature_fraction	所选参数与输入层中参数总数的比率	double	0～1
8	bagging_fraction	所选数据占总数据的比例	double	0～1
9	bagging_freq	bagging 分数小于 1 时重新采样数据的频率	int	≥0

本书在采用 5 倍交叉验证了 LGBM 模型的性能后，首先进行 5 次迭代以形成初始样本空间，从而建立初始 GP 先验。然后，在接下来的迭代中，计算采集函数 EI 以选择新的采样点，并在每次迭代结束时更新 GP。以较为重要的三个超参数 num_leaves、max_depth 和 n_estimators 为例，经贝叶

斯优化算法求得的最优参数为 num_leaves＝9，max_depth＝10。在此参数下，LGBM 模型的预测精度判别指标 RMSE、R^2 随 n_estimators 的增大而变化的情况，如图 6-11 所示。

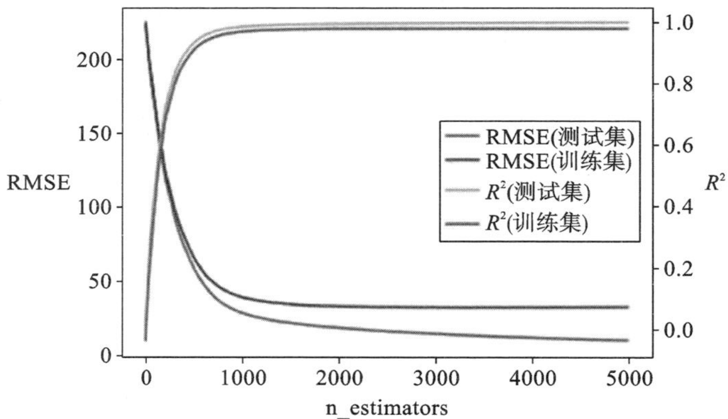

图 6-11 RMSE **和** R^2 **随** n_estimators **变化的曲线图**

从图 6-11 可以发现，n_estimators 为 5000 时，RMSE 最小、R^2 接近于 1，表明所构建预测模型具有较高的泛化能力。

2. LGBM 预测结果

本书基于 LGBM 完成输入参数的筛选，再次利用 LGBM 预测模型建立训练模型和进行模型拟合预测，对于预测的结果计算 RMSE 和 R^2 ，结果如图 6-12～图 6-17 所示。

训练结果说明基于 LGBM 算法的机器学习预测模型具有较高的预测精度和可靠性，可以用来对盾构姿态进行预测。以盾构机切口水平方向位移为例，从图 6-12(a)可以看出 LGBM 算法通过对训练样本的训练，充分学习了盾构施工参数与盾构机切口水平方向位移之间的关系，训练模型拟合的预测值与盾构姿态实际值之间误差较小，即集中于 $y = x$ 直线附近。将 LGBM 训练后得到的模型对测试集数据进行预测，从图 6-12(b)中可以更加直观地看出，建立的盾构姿态 LGBM 预测模型对测试集数据的预测值与

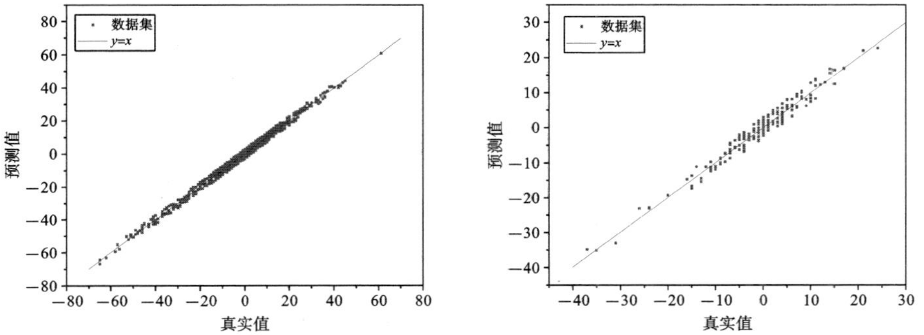

(a) 训练集：RMSE=1. 850, R^2=0. 976 (b) 测试集：RMSE=1. 669, R^2=0. 961

图 6-12 盾构机切口水平方向位移预测效果图

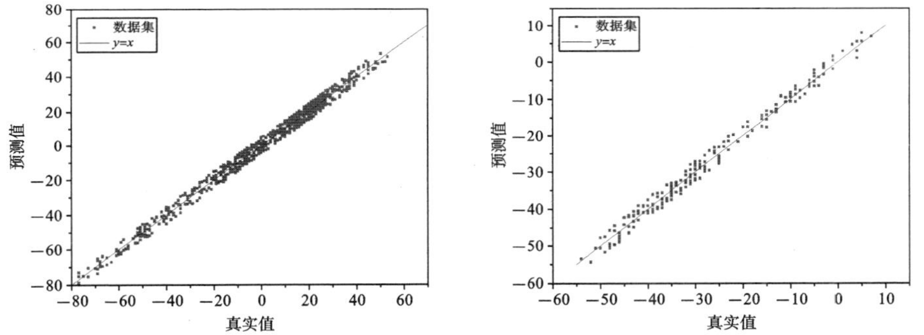

(a) 训练集：RMSE=2. 143, R^2=0. 967 (b) 测试集：RMSE=1. 735, R^2=0. 987

图 6-13 盾构机切口垂直方向位移预测效果图

实际值拟合效果较好。

计算盾构机切口水平方向位移训练集中预测值与实际值得到的 RMSE 为 1.850，R^2 为 0.976，测试集的 RMSE 为 1.669，R^2 为 0.961，从两项指标可以看出 LGBM 算法构建用于盾构姿态预测的模型具有很好的预测效果。

其余目标(盾构机切口垂直方向位移、盾构机尾部水平方向位移、盾构机尾部垂直方向位移、俯仰姿态角、水平姿态角)预测模型的 RMSE 均小于 3，R^2 均大于 0.9，表明各预测模型均有较好拟合效果，能够分别用于预测。

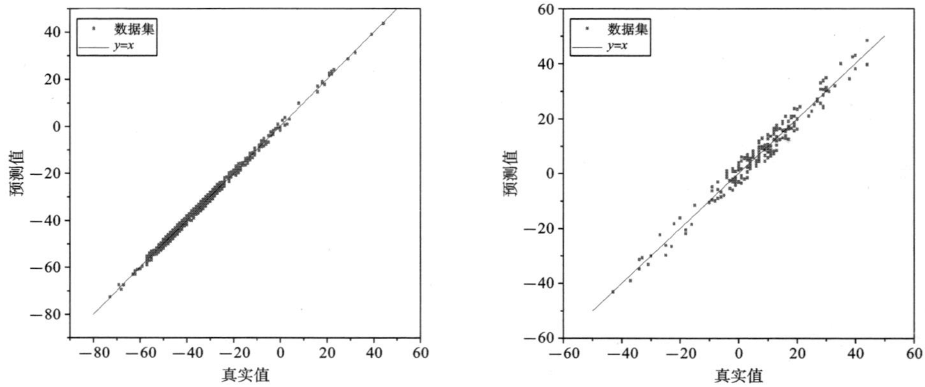

(a) 训练集：RMSE=1. 762, R^2=0. 973　　(b) 测试集：RMSE=2. 308, R^2=0. 964

图 6-14　盾构机尾部水平方向位移预测效果图

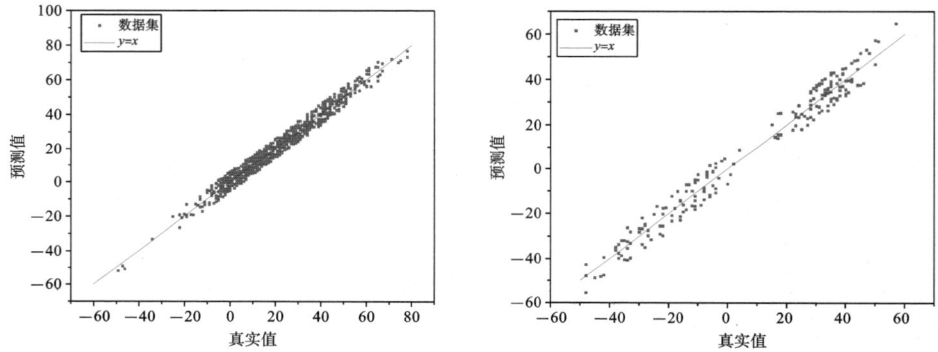

(a) 训练集：RMSE=2. 393, R^2=0. 961　　(b) 测试集：RMSE=2. 778, R^2=0. 973

图 6-15　盾构机尾部垂直方向位移预测效果图

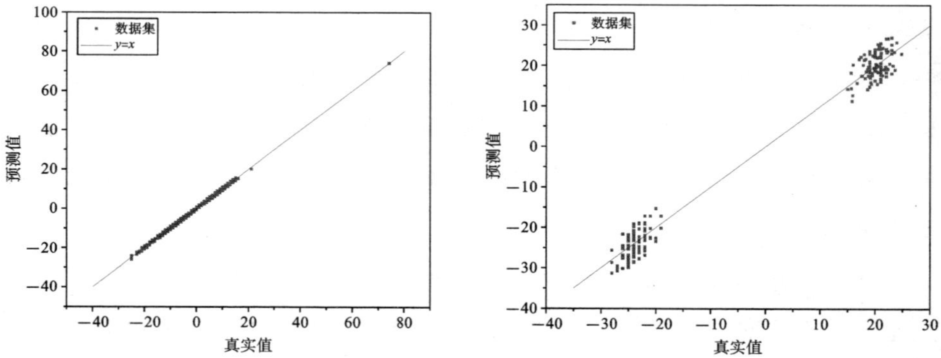

(a) 训练集：RMSE=1. 823, R^2=0. 985　　(b) 测试集：RMSE=2. 444, R^2=0. 983

图 6-16　俯仰姿态角预测效果图

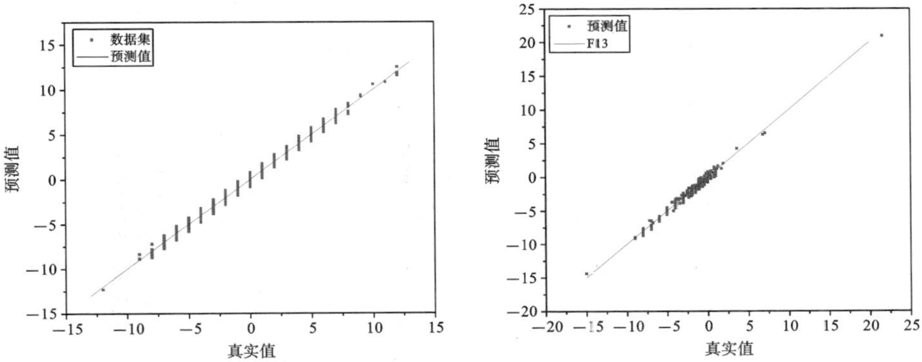

(a) 训练集：RMSE=1. 044, R^2=0. 964　　(b) 测试集：RMSE=0. 455, R^2=0. 979

图 6-17　水平姿态角预测效果图

6. 4　不同智能算法预测结果比较分析

为了突显 LGBM 算法的优势，本书选取机器学习常用的 SVM、BPNN、RF 和 XGboost 算法对同一盾构施工数据进行训练预测。5 种预测模型对应的预测 RMSE 和 R^2 如图 6-18 和图 6-19 所示。

预测结果说明，LGBM 预测精度最高，这也说明了该预测模型的优越性。从图 6-18 中可以看出，在 6 个盾构参数的预测中，LGBM 算法预测得到的 RMSE 除在盾构机尾部水平偏差和垂直偏差预测中略高于 ANN 之外，在其他参数的预测中都最小；R^2 最接近于 1。

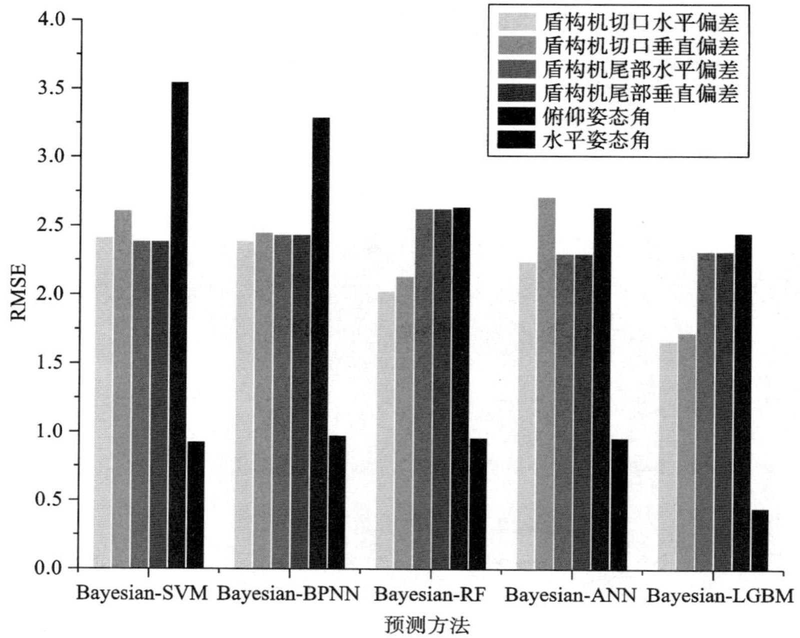

图 6-18　五种预测模型得到的均方误差(RMSE)

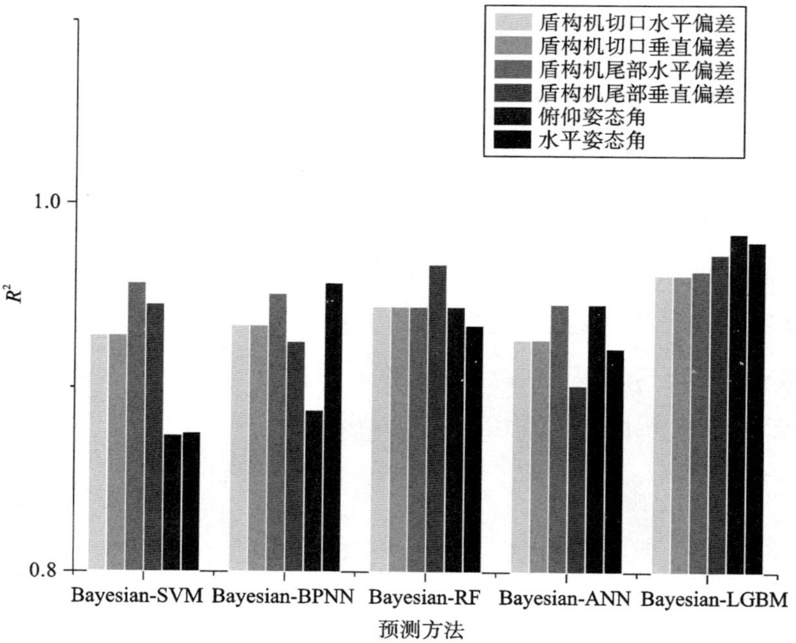

图 6-19　五种预测模型得到的拟合优度(R^2)

6.5 基于 Bayesian-LGBM 的盾构姿态控制

1. 影响因素特征重要性排序

为了选取合适的盾构施工参数进行盾构姿态优化以提高优化效率，本书利用 Python 软件中 LGBM 算法重要性评价功能来实现对各影响因素的重要性计算。将盾构机切口水平方向位移、盾构机切口垂直方向位移、盾构机尾部水平方向位移、盾构机尾部垂直方向位移、俯仰姿态角以及水平姿态角作为输出变量，基于 LGBM 模型进行重要性评价，分别得到各个影响因素的重要性评价，结果如图 6-20 所示。

本书选取的 24 个输入指标的重要性及排序在 6 个盾构姿态输出参数中各不相同，但差异大不。例如，对盾构机切口水平方向位移、盾构机尾部水平方向位移以及俯仰姿态角影响较大的盾构施工控制参数都是土仓压力-左，刀盘转速和刀盘扭矩。对水平姿态角、盾构机切口垂直方向位移以及盾构机尾部垂直方向位移影响较大的盾构施工控制参数都是土仓压力-上，刀盘转速和刀盘扭矩。而膨润土、泡沫剂等参数对盾构姿态的影响普遍很低。

对于每一项盾构姿态参数来说，24 个输入指标的重要性分布各不相同，且差别较大。例如，对盾构机切口水平方向位移来说，24 个指标重要性分布较为分散，其中土仓压力-左的分值最高，为 34.8，说明其对切口水平方向位移的影响最大；切口行程、盾尾间隙-上、泡沫剂以及千斤顶推力-上的分值分别为 6.6，6.1，5.9 以及 5.8，说明这 4 个指标对于切口水平方向位移影响很小。对切口垂直方向位移来说，土仓压力-上、盾尾间隙-上、土仓压力-下以及掘进速度的分值最高，分别为 49.6，48.4，47.3 以及 46.5，这 4 个指标对切口垂直方向位移的影响最大；膨润土、千斤顶推力-右以及铰接行程的分值分别为 6.5，6.4 以及 6.1，说明这 3 个指标对于切口水平方向位移影响很小。

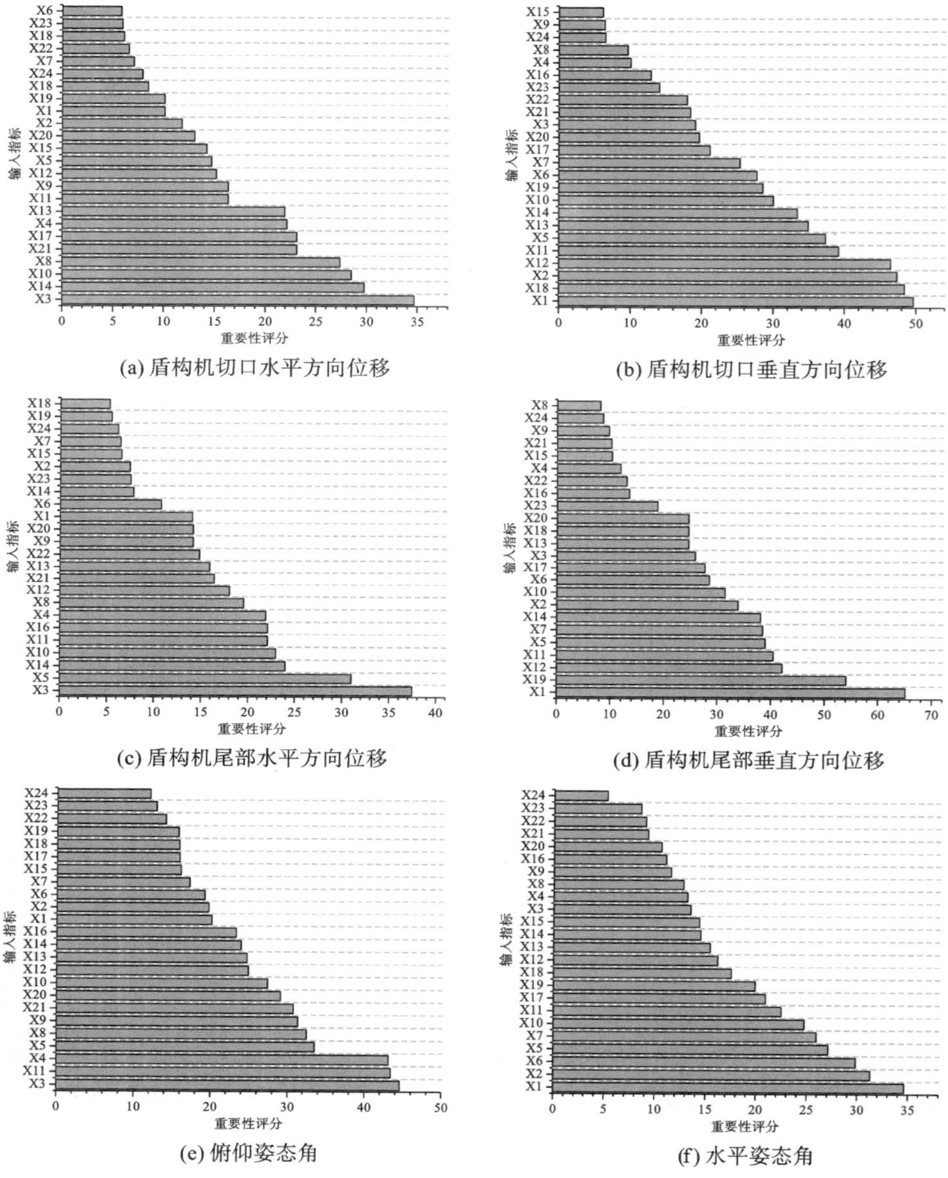

(a) 盾构机切口水平方向位移　(b) 盾构机切口垂直方向位移

(c) 盾构机尾部水平方向位移　(d) 盾构机尾部垂直方向位移

(e) 俯仰姿态角　(f) 水平姿态角

图 6-20　盾构姿态目标特征重要性排序

2. 盾构机施工控制参数调整

由于 LGBM 算法展现出较好的预测性能，所以本书根据 LGBM 模型的预测结果对超出要求的盾构姿态目标进行施二参数优化控制。一旦模型预测未来盾构姿态与目标有较大偏差，可以通过提前调整盾构机运行参数的方法控制盾构姿态。

从重要性排序结果来看，千斤顶推力、土仓压力、刀盘转速、刀盘扭矩对姿态控制目标有显著影响。这里以主要影响因素千斤顶为例分析施工参数调整过程和效果。从图 6-21 可以发现，在 0～683 环，千斤顶推力-上持续增加而千斤顶推力-下持续减少，此时盾构机有向下偏移的趋势，盾构机尾部垂直偏差开始变大；在 684～1041 环，千斤顶推力-上持续减少而千斤顶推力-下持续增加，此时盾构机有向上偏移的趋势，盾构机尾部垂直偏差开始减小。这一结果表明，可以通过调整不同位置的推力来校正盾构的姿态和位置，图 6-22 显示了盾构机主千斤顶的分布。综上所述，当模型预测到盾构姿态将显著偏离时，盾构机驾驶员可以提前调整盾构运行参数(模型的输入变量)以减少盾构姿态偏移。

3. 姿态优化结果

综合考虑之下，本书选取千斤顶推力-上、千斤顶推力-下、千斤顶推力-左、千斤顶推力-右、土仓压力-上、土仓压力-下、土仓压力-左、土仓压力-右、刀盘扭矩、刀盘转速和掘进速度等盾构施工控制参数不断进行调整，再通过 LGBM 模型的实时预测实现对盾构姿态目标的控制。

本书在对盾构姿态进行控制时，依据案例工程实际施工要求，选择规范要求的 80%作为施工现场的预警值，即需要将盾构机切口水平方向位移、盾构机切口垂直方向位移、盾构机尾部水平方向位移和盾构机尾部垂直方向位移控制在±40 mm 范围内，将俯仰姿态角和水平姿态角控制在±25°范围内。结合表 6-3 中的数据，由于水平姿态角数据都在控制预警范围内，所以本书对盾构机切口水平方向位移、盾构机切口垂直方向位移、盾构机尾部

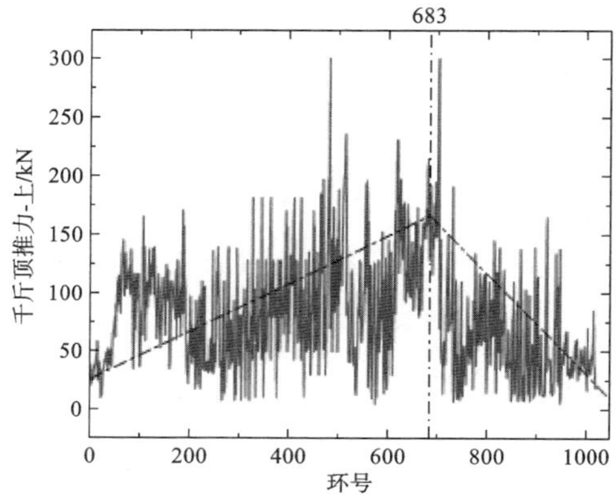

(a) 千斤顶推力-上

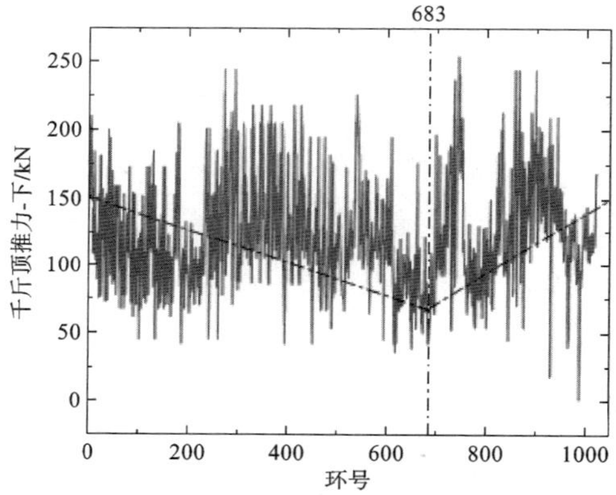

(b) 千斤顶推力-下

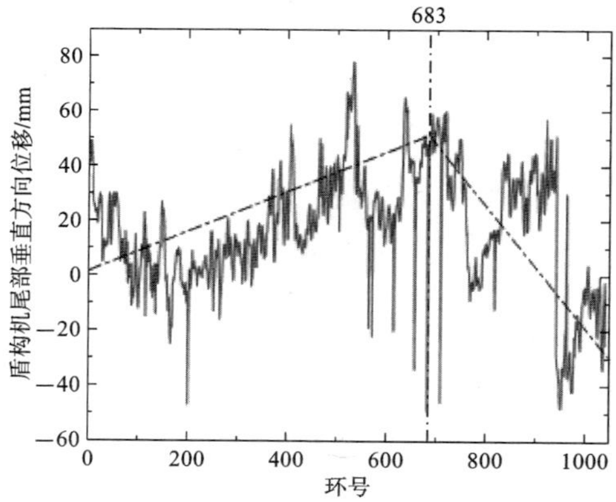

(c) 盾构机尾部垂直方向位移

图 6-21　盾构控制参数和姿态参数的比较

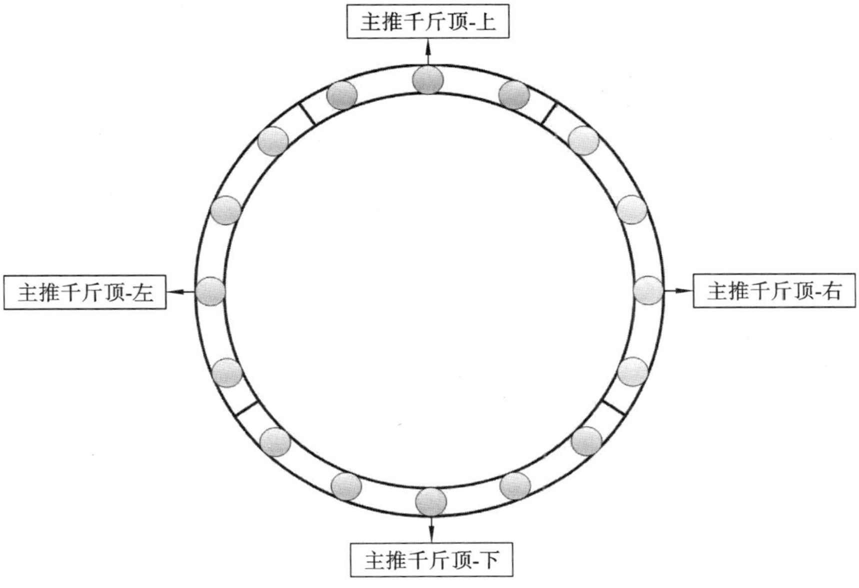

图 6-22　盾构机 32 个主千斤顶的分布

水平方向位移、盾构机尾部垂直方向位移和俯仰姿态角 5 个目标进行控制，从现场实时监测数据中选取了 200 组盾构姿态超限数据，针对相关盾构施工参数不断进行调整，并通过 LGBM 模型对姿态控制目标进行实时预测，并在此基础上进行施工参数调整，直到盾构姿态符合控制要求，结果如图 6-23所示。

表 6-3　盾构机施工控制参数取值范围

施工参数	取值范围
千斤顶推力-上/kN	0～500
千斤顶推力-下/kN	0～500
千斤顶推力-左/kN	0～500
千斤顶推力-右/kN	0～500
土仓压力-上/bar	0～3

续表

施工参数	取值范围
土仓压力-下/bar	0～5
土仓压力-左/bar	0～3
土仓压力-右/bar	0～3
刀盘扭矩/(kN·m)	0～3000
刀盘转速/(r/min)	0～3
掘进速度/(mm/min)	0～70

从图 6-23 中可见，对相关盾构施工参数进行调整后，盾构姿态均得到了有效控制，盾构机切口水平方向位移、盾构机切口垂直方向位移、盾构机尾部水平方向位移、盾构机尾部垂直方向位移和俯仰姿态角 5 个目标中的数据均被控制在了预警范围内，不存在超限情况。

为了进一步说明盾构姿态控制的必要性，本书以天为单位，计算了项目现场监测数据中某些天的盾构姿态超限数据占比，盾构机切口水平方向位移超限数据占比为 13.7%，盾构机切口垂直方向位移超限数据占比为 15.17%，盾构机尾部水平方向位移超限数据占比为 35.10%，盾构机尾部垂直方向位移超限数据占比为 16.08%，俯仰姿态角超限数据占比为 10.76%。可以发现监测数据中盾构姿态超限情况不在少数，盾构机尾部水平方向位移超限数据占比甚至超过了 30%，这对于盾构施工安全是非常不利的。

总的来说，对盾构施工参数不断进行调整并利用 LGBM 模型进行反复迭代预测，可以将盾构姿态超限数据控制在预警范围内，进而实现盾构施工过程中盾构姿态控制，保障盾构施工安全。

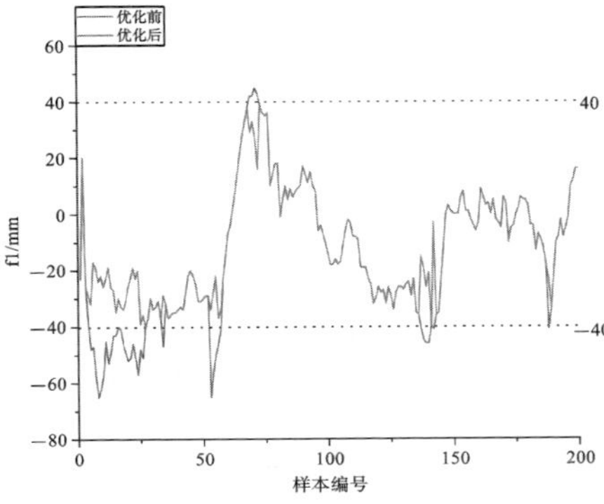

(a) 盾构机切口水平方向位移

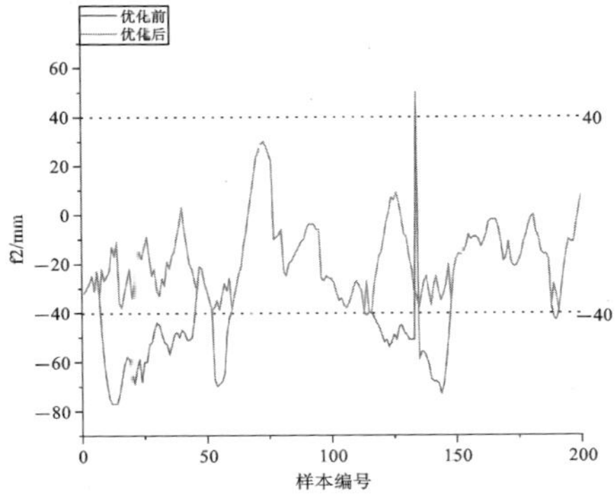

(b) 盾构机切口垂直方向位移

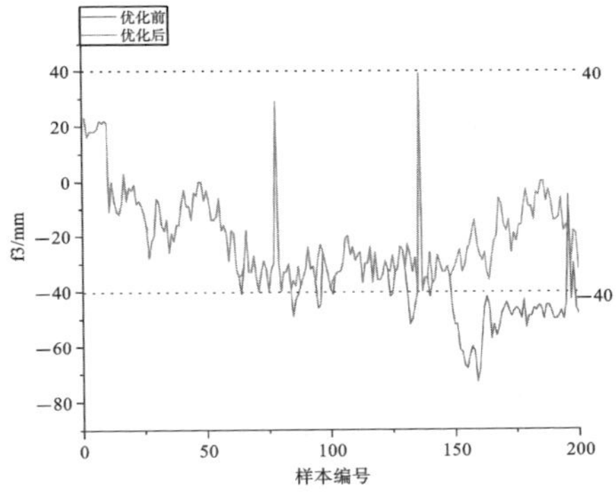

(c) 盾构机尾部水平方向位移

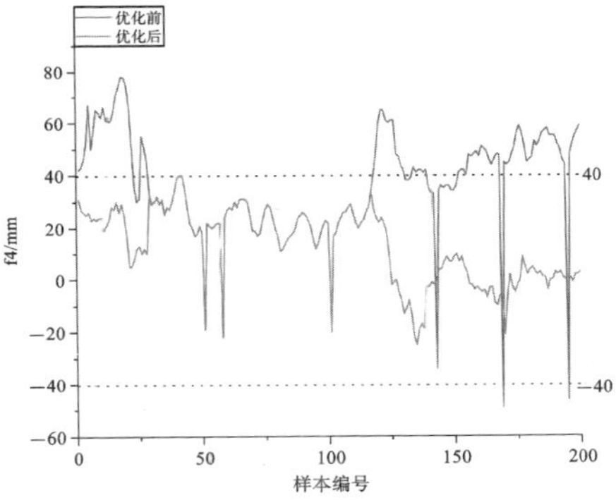

(d) 盾构机尾部垂直方向位移

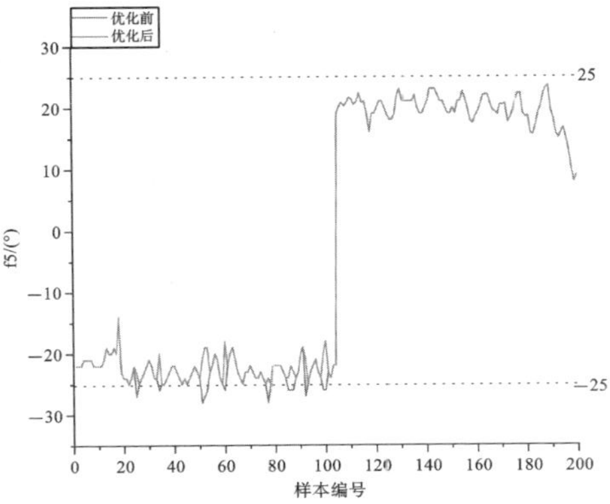

(e) 俯仰姿态角

图 6-23　施工参数调整后盾构姿态情况

参考文献

[1] 徐日庆,郭忠,丁盼,等.盾构施工振动对邻近建筑物影响与控制方法研究综述[J].隧道建设(中英文),2021,41(S2):14-21.

[2] 崔庆龙.岩溶地层盾构施工引起地表沉降的规律及预测研究[J].现代隧道技术,2021,58(S2):110-119.

[3] 王烨晟,吴勇,赵良云,等.城市地下工程盾构施工风险分级管控平台研发与应用分析[J].现代隧道技术,2023,60(1):76-89+106.

[4] PESENDORFER M, LOEW S. Subsurface exploration and transient pressure testing from a deep tunnel in fractured and karstified limestones (Lotschberg Base Tunnel, Switzerland)[J]. International Journal of Rock Mechanics and Mining Sciences, 2010, 47(1): 121-137.

[5] 刘超群,彭红君.隧道掌子面与溶洞安全距离分析[J].现代隧道技术,2012,49(3):109-113.

[6] 李利平,贾超,孙子正,等.深部重大工程灾害监测与防控技术研究现状及发展趋势[J].中南大学学报(自然科学版),2021,52(8):2539-2556.

[7] 郭佳奇,王二博,赖永标,等.岩溶隧道断续裂隙掌子面突水过程三维离散元分析[J].河南理工大学学报(自然科学版),2023,42(4):156-161.

[8] 白永学,漆泰岳,李有道,等.基于LSSVM对盾构施工诱发地面塌陷变形预测[J].岩石力学与工程学报,2013,32(S2):3666-3674.

[9] YANG W, ZHENG J, ZHANG R, et al. An empirical model for characterizing 3D deformation at the face of shield tunnel in soft clay

[J]. Tunnelling and Underground Space Technology,2021,1:112.

[10] MOLLON G, DIAS D, SOUBRA A H. Probabilistic analyses of tunneling-induced ground movements[J]. Acta Geotechnica,2013,8(2):181-199.

[11] YANG S Q, YANG Z, JING H W, et al. Fracture evolution mechanism of hollow sandstone under conventional triaxial compression by X-ray micro-CT observations and three-dimensional numerical simulations [J]. International Journal of Solids and Structures,2020,190:156-180.

[12] 杨子汉,杨小礼,张佳华,等.不同饱和度下破碎软岩隧道掌子面破坏范围上限分析[J].中南大学学报(自然科学版),2015,46(6):2267-2273.

[13] TAO Y,RAO J. Construction analysis of Guiyang Metro passing across Guiyang Railway Station in karst zone[J]. Tunnelling and Underground Space Technology,2022,8:126.

[14] MROUEH H,SHAHROUR I. A simplified 3D model for tunnel construction using tunnel boring machines [J]. Tunnelling and Underground Space Technology,2008,23(1):38-45.

[15] MILIZIANO S,CAPONI S,CARLACCINI D,et al. Prediction of tunnelling-induced effects on a historic building in Rome [J]. Tunnelling and Underground Space Technology,2022,1:119.

[16] FRANZIUS J N,POTTS D M,ADDENBROOK T I,et al. The influence of building weight on tunnelling-induced ground and building deformation[J]. Soils and Foundations,2004,44(1):25-38.

[17] ZHANG Z,HUANG M. Geotechnical influence on existing subway tunnels induced by multiline tunneling in Shanghai soft soil[J]. Computers and Geotechnics,2014,56:121-132.

[18] KIVI A V,SADAGHIANI M H,AHMADI M M. Numerical

modeling of ground settlement control of large span underground metro station in Tehran Metro using Central Beam Column (CBC) structure[J]. Tunnelling and Underground Space Technology,2012, 28:1-9.

[19] 龚珍. 地铁隧道施工对邻近建筑物的风险评估与控制研究[D]. 西安:西安工业大学,2019.

[20] 秦学波. 郑州地铁盾构下穿建筑物风险控制措施研究[D]. 郑州:郑州大学,2018.

[21] 喻凯,宁纪维. 地铁隧道盾构法施工邻近建筑物风险分级及区域划分[J]. 施工技术,2018,47(S4):1394-1397.

[22] 何志辉. 地铁隧道盾构法施工下穿建筑物沉降分析与控制[D]. 武汉:湖北工业大学,2017.

[23] 丁烈云,周诚. 复杂环境下地铁施工安全风险自动识别与预警研究[J]. 中国工程科学,2012,14(2):9.

[24] 丁烈云,周诚,叶肖伟,等. 长江地铁联络通道施工安全风险实时感知预警研究[J]. 土木工程学报,2013,46(7):10.

[25] YOU X, ZHANG Z, LI Y. An analytical solution of shield tunnel based on force method[C]//Proceedings of ITA-AITES World Tunnel Congress 2007,2007:791-797.

[26] JURADO A, DE GASPARI F, VILARRASA V, et al. Probabilistic analysis of groundwater-related risks at subsurface excavation sites [J]. Engineering Geology,2012,125:35-44.

[27] 何海健,项彦勇,刘维宁. 地铁施工引起邻近桥梁桩基差异沉降的概率分析[J]. 岩石力学与工程学报,2007,192(S1):3257-3265.

[28] LU Y, LI Q, GAO Y. Construction of accident case database for subway operation based on case-based reasoning[J]. Journal of Southeast University. Natural Science Edition,2015,45(5):990-995.

[29] 李德毅,刘常昱. 论正态云模型的普适性[J]. 中国工程科学,2004

(8):28-34.

[30] 杜鹊,李德毅.基于云的概念划分及其在关联采掘上的应用[J].软件学报,2001(2):196-203.

[31] 李兴生,李德毅.一种基于云模型的决策表连续属性离散化方法[J].模式识别与人工智能,2003,16(1):33-38.

[32] ZHANG Z,LI Y,WANG X,et al. Assessment of river health based on a novel multidimensional similarity cloud model in the Lhasa River, Qinghai-Tibet Plateau [J]. Journal of Hydrology, 2021, 603:127100.

[33] 阮永芬,张虔,乔文件,等.基于C-V-T模型的盾构穿越既有桥梁施工风险评估[J].岩土力学,2023,44(2):552-562.

[34] 李日进.地铁列车故障预测与健康管理模式研究[D].天津:天津大学,2020.

[35] 彭岩.基于深度学习的轨道交通安全视频检测技术及系统实现[D].南京:东南大学,2021.

[36] 贺鹏,李雯茜,李妍,等.建成环境对轨道交通客流非线性影响的空间特征[J].交通运输系统工程与信息,2023,23(3):187-194.

[37] 姚诗忆.基于模糊贝叶斯网络的综合交通枢纽地铁车站安全风险评价研究[D].广州:华南理工大学,2022.

[38] SANCHEZ F,MONTICOLO D,BONJOUR E,et al. Use of Bayesian network characteristics to link project management maturity and risk of project overcost [C]//Proceedings of 14th International Conference on Signal Image Technology & Internet Based Systems (SITIS),2018:420-426.

[39] EMMANOUIL S, AGUILAR S G, NANE G F, et al. Statistical models for improving significant wave height predictions in offshore operations[J]. Ocean Engineering,2020,206.

[40] MARCOT B G, PENMAN T D. Advances in Bayesian network

modelling:Integration of modelling technologies[J]. Environmental Modelling & Software,2019,111:386-393.

[41] CONSTANTINOU A C,FENTON N E,NEIL M. Profiting from an inefficient association football gambling market:Prediction,risk and uncertainty using Bayesian networks [J]. Knowledge-Based Systems,2013,50:60-86.

[42] 王贝贝,闫智浩,吕浩,等. 基于故障树-贝叶斯网络集成方法的涂装车间燃爆事故分析[J]. 安全,2020,41(10):14-18.

[43] 王华川. 浅埋暗挖隧道邻近地层空洞施工影响分析与评价[D]. 北京:北京交通大学,2018.

[44] 陈发达,吴贤国,王彦玉,等. 基于贝叶斯网络的土压盾构刀盘失效故障诊断[J]. 土木工程与管理学报,2017,34(6):57-62+72.

[45] 陈亦轩,李筱艳,陈松. 基于 Peck 公式的隧道盾构施工引起的地表沉降预测研究[J]. 安全与环境工程,2023,30(2):79-83+91.

[46] 詹涛. 小曲率半径隧道盾构施工的地表沉降规律分析——以南昌地铁 1 号线为例[J]. 科学技术与工程,2023,23(14):6197-6206.

[47] 苏凤阳,朱建才,李东泰,等. 上软下硬地层大直径泥水盾构施工土体变形研究[J]. 建筑结构,2022,52(S2):2675-2681.

[48] 吴贤国,冯宗宝,刘俊,等. 基于 RF-NSGA-Ⅱ的盾构施工地表沉降安全控制多目标优化[J]. 中国安全科学学报,2022,32(8):45-51.

[49] 魏健,胡吉平,谭衢霖,等. BP 神经网络在高层建筑沉降预测中的应用[J]. 北京测绘,2013,109(2):25-27+33.

[50] 陈继光. 基于支持向量机模型的建筑物沉降预测[J]. 数学的实践与认识,2013,43(12):137-140.

[51] 仵振东,王瑞云,张文鹏. 基于遗传算法的建筑物沉降回归分析[J]. 池州学院学报,2017,31(3):87-89.

[52] 何君,杨国东. 灰色预测理论在建筑物沉降中的应用研究[J]. 测绘通报,2012,420(3):63-64.

[53] BREIMAN L. Random forests[J]. Machine Learning,2001,45(1):5-32.
[54] ZHOU J,SHI X,DU K,et al. Development of Ground Movements Due to a Shield Tunnelling Prediction Model Using Random Forests [C]//Proceedings of 4th Geo-China International Conference on Sustainable Civil Infrastructures - Innovative Technologies for Severe Weathers and Climate Changes,2016:108-115.
[55] ZHANG P,CHEN R P,WU H N. Real-time analysis and regulation of EPB shield steering using Random Forest [J]. Automation in Construction,2019,106:102860.
[56] HOLLAND M E,GRAMBLING T A,KARLSTROM K E,et al. Geochronologic and Hf-isotope framework of Proterozoic rocks from central New Mexico, USA: Formation of the Mazatzal crustal province in an extended continental margin arc [J]. Precambrian Research,2020,347:105820.
[57] DEB K,JAIN H. Handling Many-Objective Problems Using an Improved NSGA-Ⅱ Procedure [C]//Proceedings of 2012 IEEE Congress on Evolutionary Computation. New York:IEEE,2012.
[58] 张昊,王虎.盾构隧道施工引起的地层移动有限元分析——以苏通GIL综合管廊隧道南岸施工为例[J].现代隧道技术,2018,55(S2):909-915.
[59] 刘喜春.盾构施工变形的有限元法解析研究[J].公路,2014,59(5):105-106.
[60] 韩磊,叶冠林,王建华,等.浅覆土大直径盾构穿越对河堤影响的有限元分析[J].岩土工程学报,2015,37(S1):125-128.
[61] 张冰清,宫全美,庄丽.盾构隧道施工引起的地基土超孔压特性模拟与分析[J].城市轨道交通研究,2017,20(11):9-13.
[62] 成炜康,郑选荣,吕高,等.郑州地区双线盾构隧道开挖对桩基础内力

与位移的影响[J]. 中国安全生产科学技术,2020,16(2):79-84.

[63] 黄震,傅鹤林,张加兵,等. 基于云理论的盾构隧道施工风险综合评价模型[J]. 铁道科学与工程学报,2018,15(11):3012-3020.

[64] 刘敦文,贾昊燃,周唱晓,等. 基于云模型的盾构隧道开挖面稳定性评价[J]. 北京交通大学学报,2019,43(3):43-49.

[65] 姚春桥,王金峰,杨赛,等. 基于云模型和改进证据理论的盾构下穿铁路安全风险评价[J]. 铁道建筑,2021,61(5):60-65.

[66] 王军武,胡蝶,吴寒,等. 小直径深层排水隧道盾构施工安全风险评价[J]. 中国安全科学学报,2020,30(6):113-120.

[67] 汤扬屹,吴贤国,陈虹宇,等. 基于云模型与D-S证据理论的盾构施工隧道管片上浮风险评价[J]. 隧道建设(中英文),2019,39(12):2011-2019.

[68] 王天瑜,徐德宇,张孝广,等. 盾构隧道开挖面塌方的可拓评价预警[J]. 安全与环境学报,2020,20(6):2052-2059.

[69] 姚春桥,王金峰,杨赛,等. 基于云模型和改进证据理论的盾构下穿铁路安全风险评价[J]. 铁道建筑,2021,61(5):60-65.

[70] 王吉云. 近十年来中国超大直径盾构施工经验[J]. 隧道建设,2017,37(3):330-335.

[71] 齐永洁,朱建才,周建,等. 土岩复合地层中盾构施工引起的地表位移预测[J]. 岩土工程学报,2023,45(5):1054-1062.

[72] 刘浩,种记鑫,李甲森,等. 地铁盾构施工对邻近区域的扰动研究[J]. 地下空间与工程学报,2022,18(S1):312-317+325.

[73] 吴贤国,冯宗宝,秦文威,等. 基于物元理论和证据理论的盾构隧道施工邻近建筑物风险评价[J]. 铁道标准设计,2020,64(4):104-110.

[74] CARDENAS I C, AL-JIBOURI S S H, HALMAN J I M, et al. Modeling Risk-Related Knowledge in Tunneling Projects[J]. Risk Analysis,2014,34(2):323-339.

[75] WANG Y,LIU Y,LI Z,et al. A New Bayesian Network Model for

the Risk Assessment of Water Inrush in Karst Tunnels[J]. Geofluids,2022,2022,5697710.

[76] SAKAR C,KOSEOGLU B,TOZ A C,et al. Analysing the effects of liquefaction on capsizing through integrating interpretive structural modelling (ISM) and fuzzy Bayesian networks (FBN)[J]. Ocean Engineering,2020,215:107917.

[77] GUO X,JI J,KHAN F,et al. Fuzzy Bayesian network based on an improved similarity aggregation method for risk assessment of storage tank accident[J]. Process Safety and Environmental Protection,2021,149:817-830.

[78] ZHANG L, WU X, QIN Y, et al. Towards a Fuzzy Bayesian Network Based Approach for Safety Risk Analysis of Tunnel-Induced Pipeline Damage[J]. Risk Analysis,2016,36(2):278-301.

[79] SONG Q, XUE Y, LI G, et al. Using Bayesian network and Intuitionistic fuzzy Analytic Hierarchy Process to assess the risk of water inrush from fault in subsea tunnel[J]. Geomechanics and Engineering,2021,27(6):605-614.

[80] LI Y,DAI J,CUI L. The impact of digital technologies on economic and environmental performance in the context of industry 4.0: A moderated mediation model[J]. International Journal of Production Economics,2020,229:107777.

[81] PENG H,WEN W S,TSENG M L,et al. A cloud load forecasting model with nonlinear changes using whale optimization algorithm hybrid strategy[J]. Soft Computing,2021,25(15):10205-10220.

[82] YAN C, LIU J, CHEN C, et al. Cloud computing-based high accuracy surface modeling method for China's Poyang Lake basin DEM generation[J]. Environmental Earth Sciences, 2019,78(14): 1-8.

[83] 张凯，张明慧.基于云模型和证据理论的科技创新与持续发展能力评价[J].运筹与管理，2022，31(4)：109-115.
[84] 敦帅，陈强，丁玉.基于贝叶斯网络的创新策源能力影响机制研究[J].科学学研究，2021，39(10)：1897-1907.
[85] 黄震，傅鹤林，张加兵，等.基于模糊-证据理论的盾构隧道施工风险综合评价[J].武汉大学学报(工学版)，2019，52(8)：694-702.
[86] 姚春桥，王金峰，杨赛，等.基于云模型和改进证据理论的盾构下穿铁路安全风险评价[J].铁道建筑，2021，61(5)：60-65.
[87] 吴贤国，刘茜，陈虹宇，等.基于模糊贝叶斯证据理论的盾构下穿既有隧道安全风险评价[J].隧道建设(中英文)，2021，41(5)：713-720.
[88] CHAKERI H，OZCELIK Y，UNVER B. Effects of important factors on surface settlement prediction for metro tunnel excavated by EPB [J]. Tunnelling and Underground Space Technology，2013，36：14-23.
[89] ERCELEBI S G，COPUR H，OCAK I. Surface settlement predictions for Istanbul Metro tunnels excavated by EPB-TBM [J]. Environmental Earth Sciences，2011，62(2)：357-365.
[90] CHOU W I，BOBET A. Predictions of ground deformations in shallow tunnels in clay[J]. Tunnelling and Underground Space Technology，2002，17(1)：3-19.
[91] PARK S S，DOAN N P，NONG Z. Numerical prediction of settlement due to the Pohang earthquake[J]. Earthquake Spectra，2021，37(2)：652-685.
[92] MELIS M，MEDINA L，RODRIGUEZ J M. Prediction and analysis of subsidence induced by shield tunnelling in the Madrid Metro extension [J]. Canadian Geotechnical Journal，2002，39 (6)：1273-1287.
[93] KASPER T，EDVARDSEN C，WITTNEBEN G，et al. Lining design

for the district heating tunnel in Copenhagen with steel fibre reinforced concrete segments [J]. Tunnelling and Underground Space Technology,2008,23(5):574-587.

[94] MIGLIAZZA M, CHIORBOLI M, GIANI G P. Comparison of analytical method, 3D finite element model with experimental subsidence measurements resulting from the extension of the Milan underground [J]. Computers and Geotechnics, 2009, 36 (1-2): 113-124.

[95] KIM Y,HONG J,SHIN J,et al. Shield TBM disc cutter replacement and wear rate prediction using machine learning techniques [J]. Geomechanics and Engineering,2022,29(3):249-258.

[96] SUWANSAWAT S,EINSTEIN H H. Artificial neural networks for predicting the maximum surface settlement caused by EPB shield tunneling [J]. Tunnelling and Underground Space Technology, 2006,21(2):133-150.

[97] SANTOS O J,CELESTINO T B. Artificial neural networks analysis of Sao Paulo subway tunnel settlement data [J]. Tunnelling and Underground Space Technology,2008,23(5):481-491.

[98] BOUBOU R,EMERIAULT F,KASTNER R. Prediction of surface settlements induced by TBM using Artificial Neural Networks method [C]//Proceeding of 7th International Symposium on Geotechnical Aspects of Underground Construction in Soft Ground, 2011:791-797.

[99] ZHAO H B, YIN S. Geomechanical parameters identification by particle swarm optimization and support vector machine[J]. Applied Mathematical Modelling,2009,33(10):3997-4012.

[100] SAMUI P. Support vector machine applied to settlement of shallow foundations on cohesionless soils[J]. Computers and Geotechnics,

2008,35(3):419-427.

[101] JIANG A N,WANG S Y,TANG S L. Feedback analysis of tunnel construction using a hybrid arithmetic based on Support Vector Machine and Particle Swarm Optimisation [J]. Automation in Construction,2011,20(4):482-489.

[102] LI S,DING J,LIU W,et al. Railway Track Recognition Based on Radar Cross-Section Statistical Characterization Using mm Wave Radar[J]. Remote Sensing,2022,14:294.

[103] OCAK I,SEKER S E. Calculation of surface settlements caused by EPBM tunneling using artificial neural network, SVM, and Gaussian processes [J]. Environmental Earth Sciences, 2013, 70 (3):1263-1276.

[104] CHEN R P,ZHANG P,KANG X,et al. Prediction of maximum surface settlement caused by earth pressure balance (EPB) shield tunneling with ANN methods[J]. Soils and Foundations,2019,59 (2):284-295.

[105] ZHU M,ZHU H,GUO F,et al. Tunnel condition assessment via cloud model-based random forests and self-training approach[J]. Computer-Aided Civil and Infrastructure Engineering,2021,36(2): 164-179.

[106] TRAN T N,LE VAN D,CHAU M T. Support Vector Regression based on Grid Search method of Hyperparameters for Load Forecasting [J]. Acta Polytechnica Hungarica, 2021, 18 (2): 143-158.

[107] PRABU S, THIYANESWARAN B, SUJATHA M, et al. Grid Search for Predicting Coronary Heart Disease by Tuning Hyper-Parameters[J]. Computer Systems Science and Engineering,2022, 43(2):737-749.

[108] FARAG H H, SAID L A A, RIZK M R M, et al. Hyperparameters optimization for ResNet and Xception in the purpose of diagnosing COVID-19[J]. Journal of Intelligent & Fuzzy Systems, 2021, 41(2): 3555-3571.

[109] ANDONIE R, FLOREA A C. Weighted Random Search for CNN Hyperparameter Optimization [J]. International Journal of Computers Communications & Control, 2020, 15(2).

[110] STUKE A, RINKE P, TODOROVIC M. Efficient hyperparameter tuning for kernel ridge regression with Bayesian optimization[J]. Machine Learning-Science and Technology, 2021, 2(3).

[111] ARIF A, JAVAID N, ALDEGHEISHEM A, et al. Big data analytics for identifying electricity theft using machine learning approaches in microgrids for smart communities[J]. Concurrency and Computation-Practice & Experience, 2021, 33(17).

[112] PRADHAN B, SAMEEN M I, AL-NAJJAR H A H, et al. A Meta-Learning Approach of Optimisation for Spatial Prediction of Landslides[J]. Remote Sensing, 2021, 13(22).

[113] DEB K, PRATAP A, AGARWAL S, et al. A fast and elitist multiobjective genetic algorithm: NSGA-Ⅱ [J]. Ieee Transactions on Evolutionary Computation, 2002, 6(2): 182-197.

[114] DEB K, JAIN H. An Evolutionary Many-Objective Optimization Algorithm Using Reference-Point-Based Nondominated Sorting Approach, Part Ⅰ: Solving Problems With Box Constraints[J]. Ieee Transactions on Evolutionary Computation, 2014, 18(4): 577-601.

[115] CAO X, WEN Z, XU J, et al. Many-objective optimization of technology implementation in the industrial symbiosis system based on a modified NSGA-Ⅲ [J]. Journal of Cleaner Production,

2020,245.

[116] WANG Y,CHEN C,TAO Y,et al. A many-objective optimization of industrial environmental management using NSGA-Ⅲ:A case of China's iron and steel industry[J]. Applied Energy,2019,242:46-56.

[117] MKAOUER W, KESSENTINI M, SHAOUT A, et al. Many-Objective Software Remodularization Using NSGA-Ⅲ [J]. Acm Transactions on Software Engineering and Methodology,2015,24(3).

[118] YUAN X,TIAN H,YUAN Y,et al. An extended NSGA-Ⅲ for solution multi-objective hydro-thermal-wind scheduling considering wind power cost[J]. Energy Conversion and Management,2015,96:568-578.

[119] SUN D,XU J,WEN H,et al. Assessment of landslide susceptibility mapping based on Bayesian hyperparameter optimization: A comparison between logistic regression and random forest[J]. Engineering Geology,2021,281.

[120] QIU Y,FENG K,HE C,et al. Investigation of the ultimate bearing capacity of a staggered assembly segmental lining for an urban gas transmission tunnel[J]. Sustainable Cities and Society,2019,48.

[121] CHEN C, ZHANG L, TIONG R L K. A novel learning cloud Bayesian network for risk measurement [J]. Applied Soft Computing,2020,87.

[122] LIU X X,SHEN S L,XU Y S,et al. Analytical approach for time-dependent groundwater inflow into shield tunnel face in confined aquifer[J]. International Journal for Numerical and Analytical Methods in Geomechanics,2018,42(4):655-673.

[123] YAGIZ S. New equations for predicting the field penetration index

of tunnel boring machines in fractured rock mass[J]. Arabian Journal of Geosciences,2017,10(2).

[124] SUN W, SHI M, ZHANG C, et al. Dynamic load prediction of tunnel boring machine (TBM) based on heterogeneous in-situ data [J]. Automation in Construction,2018,92:23-34.

[125] ZHOU C, XU H, DING L, et al. Dynamic prediction for attitude and position in shield tunneling: A deep learning method[J]. Automation in Construction,2019,105:102840.

[126] SAMUI P. Support vector machine applied to settlement of shallow foundations on cohesionless soils[J]. Computers and Geotechnics, 2008,35(3):419-427.

[127] WANG P, KONG X, GUO Z, et al. Prediction of Axis Attitude Deviation and Deviation Correction Method Based on Data Driven During Shield Tunneling[J]. Ieee Access,2019,7:163487-163501.

[128] KE G, MENG Q, FINLEY T, et al. LightGBM: A Highly Efficient Gradient Boosting Decision Tree[C]//Proceeding of 31st Annual Conference on Neural Information Processing Systems. NIPS,2017.

[129] WANG D N, LI L, ZHAO D. Corporate finance risk prediction based on LightGBM[J]. Information Sciences,2022,602:259-268.

[130] XU C, DING J, QIAO Y, et al. Tomato disease and pest diagnosis method based on the Stacking of prescription data[J]. Computers and Electronics in Agriculture,2022,197:106997.

[131] CHEN Z S, ZHANG X, RODRIGUEZ R M, et al. Expertise-Structure and Risk-Appetite-Integrated Two-Tiered Collective Opinion Generation Framework for Large-Scale Group Decision Making[J]. Ieee Transactions on Fuzzy Systems, 2022, 30(12): 5496-5510.

[132] TANG C, LUKTARHAN N, ZHAO Y. An Efficient Intrusion Detection Method Based on LightGBM and Autoencoder [J]. Symmetry-Basel, 2020, 12: 1458.

[133] SHARMA A, SINGH B. AE-LGBM: Sequence-based novel approach to detect interacting protein pairs via ensemble of autoencoder and LightGBM [J]. Computers in Biology and Medicine, 2020, 125: 103964.

[134] MASSAOUDI M, REFAAT S S, CHIHI I, et al. A novel stacked generalization ensemble-based hybrid LGBM-XGB-MLP model for Short-Term Load Forecasting[J]. Energy, 2021, 214: 118874.

[135] OSMAN M H, MOHAMED R H, SARHAN H M, et al. Machine Learning Model for Predicting Postoperative Survival of Patients with Colorectal Cancer[J]. Cancer Research and Treatment, 2022, 54(2): 517-524.

[136] XIE H, DUAN X, YANG H, et al. Automatic trajectory tracking control of shield tunneling machine under complex stratum working condition [J]. Tunnelling and Underground Space Technology, 2012, 32: 87-97.

[137] ATES U, BILGIN N, COPUR H. Estimating torque, thrust and other design parameters of different type TBMs with some criticism to TBMs used in Turkish tunneling projects [J]. Tunnelling and Underground Space Technology, 2014, 40: 46-63.

[138] MO H H, CHEN J S. Study on inner force and dislocation of segments caused by shield machine attitude [J]. Tunnelling and Underground Space Technology, 2008, 23(3): 281-291.

[139] NEMATOLLAHI M, DIAS D, Interaction between an underground parking and twin tunnels - Case of the Shiraz subway line [J]. Tunnelling and Underground Space Technology, 2020. 95: 103150.

[140] SRAMOON A, SUGIMOTO M, KAYUKAWA K. Theoretical model of shield behavior during excavation. Ⅱ: Application[J]. Journal of Geotechnical and Geoenvironmental Engineering, 2002, 128(2): 156-165.

[141] LIU H, WANG J, ZHANG L, et al. Dynamic Modeling and Trajectory Tracking Control of Tunnel Boring Machine[C]// Proceeding of 26th Chinese Control and Decision Conference (CCDC), 2014: 4560-4565.

[142] SUGIMOTO M, SRAMOON A. Theoretical model of shield behavior during excavation. Ⅰ: Theory[J]. Journal of Geotechnical and Geoenvironmental Engineering, 2002, 128(2): 138-155.

[143] FESTA D, BROERE W, BOSCH J W. Kinematic behaviour of a Tunnel Boring Machine in soft soil: Theory and observations[J]. Tunnelling and Underground Space Technology, 2015, 49: 208-217.

[144] SUN W, YUE M, WEI J. Relationship between rectification moment and angle of shield based on numerical simulation[J]. Journal of Central South University, 2012, 19(2): 517-521.

[145] SUGIMOTO M, SRAMOON A, KONISHI S, et al. Simulation of shield tunneling behavior along a curved alignment in a multilayered ground[J]. Journal of Geotechnical and Geoenvironmental Engineering, 2007, 133(6): 684-694.

[146] MAHDEVARI S, HAGHIGHAT H S, TORABI S R. A dynamically approach based on SVM algorithm for prediction of tunnel convergence during excavation[J]. Tunnelling and Underground Space Technology, 2013, 38: 59-68.

[147] GAO X, SHI M, SONG X, et al. Recurrent neural networks for real-time prediction of TBM operating parameters[J]. Automation in Construction, 2019, 98: 225-235.